Guérir
de ses angoisses

Rodolphe Oppenheimer

Guérir de ses angoisses

avec la thérapie par téléphone

Préface du Pr Bernard Granger

Odile Jacob

15, rue Soufflot, 75005 Paris

www.odilejacob.fr

ISBN 978-2-4150-0448-4

Préface

Monsieur Rodolphe Oppenheimer n'est pas un psychothérapeute comme les autres. Il est à la recherche de tout ce qui peut aider ses patients et expérimente des pratiques non traditionnelles. Les progrès et les formes nouvelles de psychothérapie témoignent de la créativité dont la thérapeutique par l'écoute et la parole est l'objet. La réalité virtuelle offre de nouvelles possibilités, notamment pour les phobies. La psychanalyse par téléphone est d'application plus large et répond à de nouveaux besoins.

Certes, le téléphone n'est pas une invention récente et son usage dans le cadre de la psychanalyse remonte aux années 1970. Depuis l'avènement du téléphone mobile et des smartphones, cet objet a changé de nature et tient dans nos vies une place hypertrophiée, devenant un prolongement de notre cerveau et notre premier outil de mise en relation avec le monde et les autres. On en vient à mesurer en nombres d'heures le temps passé chaque jour avec lui.

Son utilisation en thérapie s'est heurtée à des réticences bien compréhensibles, car dérogeant à la pratique que les pères de la psychanalyse, Freud en premier lieu, avaient conceptualisée et mise en œuvre. Le cadre de la cure en est bouleversé et les psychanalystes les plus sourcilleux y opposent un refus catégorique, en grande partie car les conditions du transfert et du contre-transfert ne leur semblent pas réunies, ce qui entraverait le processus analytique. L'auteur de ce livre répond à ces objections, très simplement, sans s'embarrasser de longs développements théoriques. Il part de son expérience des thérapies téléphoniques pour en montrer les possibilités et les avantages.

Sans étroitesse d'esprit, le psychothérapeute Rodolphe Oppenheimer adopte une approche éclectique et emprunte des éléments de ses développements à d'autres courants psychothérapeutiques, les thérapies cognitivo-comportementales en particulier, dont il est aussi un des praticiens. En cela, il répond à la demande des patients, qui sont à la recherche de thérapies brèves et efficaces. Rares sont ceux aujourd'hui qui se lancent dans des périples analytiques de plusieurs décennies.

La crise sanitaire que nous venons de vivre a imposé une diminution des contacts sociaux et de nombreuses activités ont dû s'effectuer en grande partie à distance, beaucoup plus que d'habitude : les achats, les études, les consultations médicales, les contacts familiaux, les démarches administratives, etc. Dans notre pratique médicale, nous avons vu l'intérêt du téléphone et de la vidéo-consultation pour la continuité des soins. Si l'absence de contact humain direct est frustrante et enlève à la vie une bonne partie de son sel, elle oblige à trouver de nouvelles formes d'échanges et de sociabilité, qui ne sont pas nécessairement dégradées.

Les avantages pratiques de la psychothérapie par téléphone sont évidents, en dehors de toute période critique, pour ceux qui ne peuvent pas se déplacer en raison de leurs troubles, comme en cas d'agoraphobie, ou pour ceux qui vivent à distance des cabinets de consultation, dans des déserts psychothérapeutiques, car ils existent aussi.

C'est pour la psychothérapie une nouvelle clinique : la voix, seul médium de l'échange, révèle mille et une choses, mais différemment des mille et une façons dont se manifeste la communication non verbale. La consultation téléphonique oblige à une attention beaucoup plus focalisée. D'une certaine façon, elle demande de plus grandes ressources cognitives au thérapeute et au patient.

C'est de cela et des applications de la thérapie par téléphone aux pathologies les plus courantes que nous parle Rodolphe Oppenheimer dans cet excellent ouvrage, avec talent, clarté et précision. C'est un sujet peu abordé jusqu'à maintenant et parfaitement en phase avec le monde d'aujourd'hui.

Bernard GRANGER,
professeur de psychiatrie à l'Université de Paris.

Introduction

L'objectif de la psychanalyse est très simple : vous permettre de reprendre votre vie en main lorsque vous êtes au plus mal ; mais aussi, vous permettre de garder pied lorsque des blessures passées, que vous pensiez avoir guéries, vous font encore souffrir malgré le temps.

Une dispute que vous avez eue avec un parent lorsque vous étiez enfant, un deuil dont vous vous êtes difficilement remis, un traumatisme auquel vous n'avez plus pensé depuis des années… ces souvenirs qui semblent éteints sont encore là, quelque part en vous : ce sont eux qui vous tourmentent, sous la forme d'angoisses et de phobies multiples qui n'ont, en apparence seulement, rien à voir avec vos maux passés.

Si différents courants jalonnent l'histoire de la psychanalyse, les méthodes employées demeurent souvent les mêmes, quelles que soient vos déchirures, et les pathologies dont elles prennent la forme : une fois décidé à consulter un spécialiste, vous commencez par vous rendre au cabinet ou au pôle santé de votre praticien. Vous êtes, dans tous les cas, acteur de votre thérapie. Votre seule présence vous rend actif de celle-ci, et c'est bien cette présence, c'est-à-dire, au fond, cette volonté de guérir, qui vous permettra d'avancer avec votre psychanalyste.

Selon les pratiques de ce dernier mais aussi le trouble que vous désirez soigner, vous devrez vous allonger dos à celui-ci, ou bien vous asseoir face à lui, tout cela est avant tout un jeu de *regard*. Pourtant, si pour certaines psychothérapies le face-à-face demeure indispensable, d'autres ne permettent pas aux patients de se sentir libres, surtout lorsqu'elles les obligent à se déplacer pour se soigner.

Cela demande un effort certain de parcourir une distance physique pour rejoindre le cabinet d'un thérapeute, et cet effort peut rapidement devenir insurmontable s'il implique de s'immerger dans un monde social effrayant, saturé de personnes ou d'objets qui vous angoissent. Par ailleurs, les déserts médicaux, la difficulté de trouver un praticien disponible au moment d'une crise, accroissent les obstacles pour atteindre les explorations indispensables à la reprise en main de votre vie.

En effet, les médecins et thérapeutes sont malheureusement répartis de manière très inégale et, si certaines grandes villes en regorgent – encore faut-il qu'un de ces praticiens puisse offrir un rendez-vous rapidement –, d'autres territoires, plus isolés sont laissés pour compte, et y habiter implique de s'imposer des distances et des délais parfois interminables pour obtenir des soins qui devraient, en principe, être accessibles à tout le monde.

Par conséquent, conscient des épreuves que vous traversez et des épreuves supplémentaires qu'un suivi en présentiel y surajoute, j'ai réfléchi au moyen de rendre accessible un suivi à distance pour mes patients. Que vous souffriez d'angoisses récurrentes, de phobies, d'attaques de panique ou encore de dépression, ou que vous résidiez dans un *no man's land* du soin, je me devais de trouver une approche simple et aussi efficace qu'une séance en cabinet.

Le principe est simple : vous devez pouvoir, depuis chez vous comme depuis votre voiture, obtenir des soins d'aussi bonne qualité que ceux que vous pourriez obtenir en présentiel, face à un thérapeute. À l'heure où les nouvelles technologies et les modes de communication foisonnent et se diversifient à grande vitesse, les psychothérapies ne pourraient-elles pas, elles aussi, se fixer des objectifs ambitieux de cet ordre ? Ne pourraient-elles pas garantir aux patients qu'ils iront mieux, *à distance* ?

Dans cette perspective, la thérapie par téléphone me semble être un outil particulièrement adapté pour être en mesure de proposer un accompagnement psychanalytique à tout le monde, quels que soient son problème et sa situation géographique, et offrir une prise en charge sans contrainte de lieu. Aujourd'hui, si vous souhaitez consulter, vous n'êtes pas obligé d'être parisien ou habitant d'un grand centre urbain ; et si vous l'êtes, vous n'êtes pas obligé de vous déplacer de chez vous. Il vous suffit d'avoir un téléphone, condition qui me semble beaucoup moins discriminante !

Cette technique novatrice, largement utilisée aux États-Unis ou au Canada, représente donc une solution très efficace, souple et mieux adaptée à toutes sortes de contraintes. Le face-à-face en psychanalyse peut s'avérer, pour certains, agréable et, pour d'autres, bloquant. Confier ses émotions et dévoiler ses secrets n'est pas toujours aisé. Le téléphone permet aussi à certains patients de parler plus facilement de choses profondes.

Le but de ce dispositif : vous redonner le pouvoir de vous confronter à la vie sans craindre les rechutes, et vous redonner ce pouvoir sans vous contraindre de quelque manière que ce soit. La thérapie ne doit pas être un poids pour vous, mais, au contraire, un soutien que vous pouvez solliciter où et quand vous le voulez. C'est ainsi que, dans la perspective d'une liberté toujours plus grande pour les patients, le téléphone semble être un outil particulièrement précieux.

Je suis convaincu que la psychanalyse est particulièrement disposée à adopter ce genre novateur de prise en charge. Cette discipline prend elle-même pour fondement la liberté du patient, qui doit pouvoir se déployer sans aucune contrainte sociale : ne pourrait-on pas imaginer qu'un échange téléphonique, qui vous déchargerait même de la contrainte d'être soigné dans un environnement physique précis, le cabinet, serait une manière très aboutie de concrétiser cette pensée ?

Pour vous convaincre de ce qui me paraît être la combinaison parfaite d'une pensée et d'un outil technique qui se répondent à merveille, revenons un court instant sur les principes de la psychanalyse, et surtout sur sa faculté à s'adapter à nos technologies modernes. En effet, par ses fondements mêmes, la psychanalyse est très malléable, et surtout très ouverte à l'emploi des nouvelles technologies qui structurent aujourd'hui notre manière de penser et de percevoir, en un mot : notre manière de vivre.

CHAPITRE I

Brève histoire de la psychanalyse

La psychanalyse par téléphone a débuté aux États-Unis, dès 1960. Mes confrères américains ont très tôt expérimenté cette méthode afin de « libérer » la parole de leurs patients, de leur permettre de s'exprimer sans s'inquiéter des expressions et même de la présence de l'interlocuteur qui pourrait vouloir les interrompre. Est-on jamais plus libre que lorsqu'on a le sentiment de se parler à soi-même, lorsqu'on finit par oublier qu'il y a bien quelqu'un au bout du fil, qui nous entend et nous écoute ?

Cette méthode s'est ensuite développée en Angleterre, puis en Europe. Peu connues en France, de nombreuses études ont pourtant déjà démontré les bénéfices de cette démarche, tant pour les consultants que pour les thérapeutes. Le résultat se révèle parlant, sur 39 000 patients, en Angleterre, la thérapie cognitivo-comportementale par téléphone s'est révélée aussi efficace que la thérapie en présentiel, permettant par ailleurs un allégement des coûts pris en charge.

Or cet élément n'est pas négligeable dans le cadre d'une thérapie : la barrière du prix, et des moyens financiers requis pour suivre une psychothérapie sur le long terme, est loin d'être anodine et impacte directement l'efficacité du traitement. Comment peut-on expérimenter pleinement les bienfaits d'un échange si l'on pense déjà aux difficultés financières qu'il va nous causer ? Si l'on calcule le nombre de séances que l'on suivra, non en vertu de notre besoin personnel et psychique, mais en vertu de ce que l'on est en mesure de payer ?

Ainsi, la volonté de faciliter l'accès à la thérapie par l'usage du téléphone n'est pas qu'une question géographique, elle se décline également sur le plan financier, et permet d'offrir aux patients une solution alternative : moins onéreuse, mais tout aussi efficace. Les nombreux avantages que présente ce type de thérapie en ont fait par conséquent un mode de traitement assez répandu dans les autres pays d'Europe, mais sa réputation reste à faire en France.

C'est tout l'objet de cet ouvrage, mais avant d'entrer plus précisément dans les détails de la psychanalyse par téléphone, il nous faut d'abord revenir sur les prémices de la psychanalyse classique elle-même. C'est en effet une discipline très particulière, et malheureusement très peu connue : bien qu'on en entende régulièrement parler, les lieux communs à son sujet sont souvent faux ou caricaturaux.

Avant de considérer son enrichissement par de nouveaux outils comme le téléphone, il nous faut donc éclaircir les choses et revenir sur les fondements de cette discipline. En remontant aux premières idées de son père fondateur, Freud, nous allons ainsi pouvoir décrire clairement ce qu'elle n'est pas, et les particularités qui font d'elle ce qu'elle est.

Freud, le père de la psychanalyse

C'est bien initialement la pensée de Freud, père de la psychanalyse, qui a permis de développer ce type de thérapie et d'en bâtir toute l'efficacité. En suivant Anna O, l'une de ses patientes, ce dernier s'aperçoit en effet que le soin ne fonctionne véritablement que lorsque la personne est remise au centre du traitement. En effet, ses souffrances ne peuvent être comprises qu'en rapport à ses propres souvenirs, sentiments et sensations : il faut permettre au patient d'exprimer tout cela, si l'on veut avoir une chance de saisir les causes de ses souffrances et s'acheminer ensemble vers sa guérison.

Freud s'oppose alors aux psychothérapies qui, au contraire, privilégient la parole du thérapeute, ce dernier *expliquant* au patient ce qu'il pense, ressent, perçoit. Cela est tout sauf productif, puisqu'il s'agit alors d'imposer au patient des manières d'expliquer et de penser qui ne sont pas les siennes. Peut-on vraiment guérir quelqu'un, en le poussant à refouler ce qu'il pense et ressent, à adopter ce que pense et ressent un autre ? N'est-ce pas là une manière de le rendre malade un peu plus ?

C'est pourquoi, selon Freud, le thérapeute doit s'effacer au profit de la parole authentique : il doit « aider » le « malade » à exprimer ses propres sentiments, hors des tyrannies des considérations sociales. Voilà, en clair, le fondement de la psychanalyse : laisser parler librement le patient, écouter et investiguer patiemment pour découvrir ce qui le tourmente au plus profond de lui-même ; c'est donc Freud le premier qui a encouragé les psychothérapeutes à s'effacer, et à prendre le rôle de correspondant silencieux dans leur rapport au patient.

Bien sûr, si Freud est le créateur de la cure psychanalytique, d'autres spécialistes ont apporté leur pierre à l'édifice, contribuant ainsi à son essor tel que nous le connaissons aujourd'hui, comme Lacan, Jung, Ferenczi, Klein, Bion, Winnicott, Dolto. Leur point commun : permettre aux patients de se libérer des murs et obstacles imaginaires qui les empêchent de vivre *in extenso* leur propre vie, qu'ils soient hommes ou femmes. Au fil des décennies, le mot d'ordre de la psychanalyse est resté la liberté.

Pour autant, soyons conscients de l'apport des philosophes antiques qui déjà, par leurs œuvres orales ou écrites, cherchaient à aider l'homme dans la recherche de sa vérité. Antiphon par exemple, est souvent cité comme le précurseur de la psychanalyse ; en effet, il s'exclamait déjà sur la place publique : « On peut guérir par la parole et l'interprétation des rêves. »

En relisant les mots des hommes qui étaient là bien avant nous, je me rends compte que leur approche reste non seulement d'actualité, mais qu'ils ont en plus nourri en profondeur, par leurs idées, les différentes écoles de la psychanalyse. Les représentants célèbres de cette discipline ont néanmoins, et définitivement, modifié notre approche du psychisme et de l'appréhension de la réalité pour chacun.

La psychanalyse, au fond, qu'est-ce que c'est ?

Souvent, la plupart d'entre nous perçoivent la psychanalyse comme une recherche intellectuelle, compliquée et fastidieuse. Bien évidemment, du point de vue du thérapeute, la théorie demeure complexe, mais pour celui qui a besoin d'être entendu, elle reste *la thérapie la plus simple et la plus basique* : il vous suffit de *parler de vous.* Mais, attention, ce n'est pas parce que cette thérapie est simple qu'elle est facile : bien au contraire, nous vivons dans des sociétés qui ne nous apprennent pas à parler librement de ce que l'on pense et ce que l'on ressent. De nombreuses conventions nous censurent, nous frustrent, c'est pourquoi la psychanalyse demande un investissement considérable de votre part : il faut faire l'effort de vous libérer de ces conventions pour parler librement.

Cet investissement est certes important, mais il est nécessaire à votre guérison. C'est en fournissant l'effort décisif qui consiste à partager, donc à prendre pleinement conscience, de ce qui vous préoccupe au plus profond de vous-même, que vous pourrez espérer vous libérer de vos tourments et les laisser derrière vous. Comme dans tous les domaines : un problème ne peut être réglé que s'il est exposé et accepté ; tant qu'on n'en connaît ou ne reconnaît pas l'existence, il reste latent et continue de produire ses effets négatifs.

Mais ce n'est pas parce que la parole vous revient, que l'exercice psychanalytique est comparable à un exercice solitaire de réflexion sur soi-même. En effet, la psychanalyse permet de dire au monde, et non pas de « dire à soi ». Elle n'est donc pas une introspection, mais une ouverture à l'autre par *le transfert* qui se crée avec le thérapeute. La notion de transfert, clef de voûte du processus analytique, se révèle souvent comme l'un des éléments qui effraient le futur patient. Pourtant, ce transfert reste la clé d'un traitement réussi. Il est ce lien à l'autre, au monde qui permettra à la parole, au « dire » de soigner.

Si cette parole prend du temps à se déployer, et donc si, en dernière instance, la psychanalyse se présente comme une thérapie longue, c'est justement parce que nous avons longuement construit nos propres barrières psychiques face à l'adversité ou aux difficultés de la vie. Parfois, ces dernières barrières sont inappropriées, entraînant angoisses, colères, frustrations, surenchère de sentiments négatifs que nous aurons du mal à porter et apprivoiser. La psychanalyse servira donc à défaire cet écheveau pour rebâtir des réponses adaptées, positives à nos propres angoisses et en équilibre avec notre vision personnelle du monde.

Dans ce sens, le but de la psychanalyse, en dernière instance, est de faire en sorte que le patient instaure un rapport harmonieux et équilibré à sa propre personne. Il s'agit pour lui de recouvrer une forme d'adéquation avec lui-même, pour pouvoir vivre pleinement sans être toujours tourmenté par des sentiments négatifs dont il ne connaît pas les causes, tout justement parce qu'il n'a pas pleinement conscience et connaissance de soi-même et de ce qui le trouble.

Les particularités de la psychanalyse par rapport aux autres psychothérapies

Cet ouvrage n'est pas un ouvrage historique et n'a pas pour finalité de retracer l'évolution complète de la psychanalyse au cours des siècles derniers. Si nous prenons le temps de revenir sur les fondements de cette discipline, ce n'est donc pas tant par souci historique que parce qu'il est nécessaire de bien comprendre ses particularités, pour voir comment elle peut s'associer à de nouveaux outils techniques et technologiques.

Comme nous l'avons fait remarquer, Freud en a jeté les bases il y a deux siècles ; or tout psychanalyste use du schème construit par ce dernier pour permettre à ses patients de retrouver leur unité psychique. Trois concepts principaux structurent la parole et aident le patient à travailler sur cette parole, c'est-à-dire à participer activement à la thérapie psychanalytique en vue de sa propre guérison :

1. *L'existence de l'inconscient.* Pour nous, psychanalystes, tout patient qui est amené à nous consulter subit l'action de symptômes – idées obsédantes, angoisses, perte de désir, échecs, etc. – qui résultent d'une source première et réelle, et sont l'expression infraliminaire et psychologique de celle-ci. Le travail qui s'engage va donc s'appuyer à la fois sur les manifestations et sur les causes autorisant la parole à mettre des mots sur les maux. En amenant à la conscience le conflit psychique qui se dérobe, car il se terre dans le tréfonds de notre inconscient, la parole, le « dire-vrai » permet au sujet de retrouver son unité.

2. *L'acceptation et la prise en compte du transfert.* Freud a découvert que c'est la parole du patient qui le soigne et non les informations délivrées par le psychanalyste. Parler, ce n'est pas seulement émettre un message, c'est désigner l'autre comme garant de notre vérité. En conséquence, le thérapeute n'est pas qu'un observateur,

il doit libérer le patient de ses pensées inconscientes qui font obstacle à son bien-être tout en intervenant à bon escient, au bon moment. Le « parler-vrai » qui s'exprime dans le cabinet du psychanalyste doit être celui du patient, jamais celui du thérapeute. Le psychanalyste n'est donc pas le détenteur de la vérité, car chacun à la sienne, mais il aide le patient à se libérer des entraves posées par l'évocation de celui qui est supposé savoir. En d'autres termes, la seule autorité qui s'exerce dans le cadre de la psychanalyse, c'est celle de la subjectivité du patient – et jamais de la connaissance du thérapeute.

3. *La primauté de la sexualité.* Pour Freud, la sexualité représente la part intime la plus « fragile » de l'être humain. La pulsion sexuelle ou libido, qui n'est pas comparable à la génitalité – c'est-à-dire la capacité de se reproduire –, est vécue différemment en l'homme et chez nos cousins animaux. Elle peut devenir source de névroses, en être la cause. Elle définit tout à la fois le travail et les limites du travail du psychanalyste pour obliger l'homme à ne pas renier sa condition imparfaite et ne vise en aucun cas à en changer sa nature.

Par conséquent, si nous devions résumer les choses en quelques lignes, nous pourrions dire que le but ultime de la psychanalyse selon Freud est de libérer le patient de ses entraves inconscientes, pour lui permettre de choisir sa vie sans contradiction avec lui-même. Ce travail se fait à deux, par le dialogue et par l'écoute, dans le respect, d'une parole qui doit être libre de dire tout ce qui veut être dit.

C'est là toute l'importance de la figure du thérapeute : la qualité du travail qu'il effectue ne se situe pas dans les connaissances qu'il est capable de transmettre à son patient – la transmission de connaissances est même plutôt une mauvaise chose ; bien au contraire, sa qualité se mesure d'abord à la capacité qu'il a d'écouter son patient sans le juger, de lui donner l'impression qu'il est absolument libre et que tout ce qu'il voudra partager sera non seulement digne d'intérêt, mais également bienvenu. Plus que toute autre psychothérapie, la psychanalyse montre l'enjeu fondamental de la relation entre le thérapeute et son patient, pour la réussite de la thérapie qui est moins une science dure, exacte, qu'une science *humaine*.

Du divan au téléphone, il n'y avait qu'un tout petit pas

Dans la perspective d'une parole libre et d'une écoute respectueuse, Freud définit le transfert comme la condition *sine qua non* du soin. Toutefois, afin que la parole soit vraie, afin qu'elle ne soit pas entravée par le jugement, réel ou imaginé, du thérapeute, il a mis en place la « thérapie par le divan ». Cette forme de thérapie s'explique notamment en ce que, bien que la parole soit centrale pour la psychanalyse, son expression libre dépend très largement du *regard*, ou plutôt de l'*absence de regard*.

En effet, dans notre petite enfance, c'est le regard que portent sur nous les membres de notre famille et de notre entourage – notamment nos parents – qui participe à la construction de notre psyché. Une moue dubitative, un froncement de sourcils désapprobateur, un désintérêt manifesté par l'absence même de regard, conditionnera nos choix, sans que nous en ayons une pleine conscience. En ce sens, le regard de l'autre est, dès nos premières années, producteur de stress et d'angoisses considérables, qui ne disparaissent pas lorsque le regard cesse : si vous ne les traitez pas, ces angoisses vous suivent à vie.

Comment pourrait-on alors installer le « dire-vrai », la « parole vraie » dans une consultation en face à face, où l'on est trop occupé à guetter les expressions de notre thérapeute pour parler véritablement de nous ? Comment laisser nos pensées les plus intimes à sa portée sans craindre son jugement, lorsqu'on sent son regard peser sur nous ? Le thérapeute est d'ailleurs le premier à prendre conscience de la violence de son regard pour le patient qu'il regarde.

À force de tâtonnements et d'expériences, Freud a donc finalement choisi d'allonger le patient sur un divan pour le libérer de son propre regard, et de sa propre présence. Ainsi, le patient, allongé dans une position qui ne lui permet pas de visualiser la présence du thérapeute, peut alors exprimer librement ses pensées et sentiments, sans les reconfigurer et les adapter selon la réaction de ce dernier. Pour autant, il est toujours présent, et son écoute attentive permet dans le même temps de conserver l'effet bénéfique et nécessaire du transfert.

On peut alors sans doute imaginer que, si Freud avait élaboré ses théories à notre siècle, il aurait probablement été intéressé par les moyens modernes qui peuvent être utilisés pour réaliser une cure, notamment les moyens capables d'alléger la présence du thérapeute, de tout ce qui en fait une pression sociale pour le patient. Or, si les nouvelles technologies ont un avantage, c'est bien celui de permettre l'échange, le dialogue, sans exposer directement les individus à la présence de leur interlocuteur.

Notre expérience quotidienne et personnelle témoigne assez bien du confort qu'on peut avoir à privilégier des modes de communication indirecte, notamment lorsqu'il s'agit précisément de partager des choses difficiles : messagerie instantanée, mails, téléphone, permettent de mettre une distance rassurante avec l'interlocuteur. Néanmoins, le téléphone a l'avantage d'installer cette distance tout en préservant, en même temps, la présence immédiate de l'autre, en tant qu'être humain.

C'est ce qui me pousse à penser que le téléphone est un outil précieux, répondant particulièrement bien aux ambitions de la psychanalyse : libérer le patient, effacer la présence du thérapeute – sans l'empêcher pour autant de soigner. À l'autre bout du fil, déchargé de l'omniprésence du regard de l'autre, le patient se sent libre d'être lui-même, c'est-à-dire avant tout de laisser échapper les angoisses qui l'étreignent, aussi futiles et obtuses qu'elles nous apparaissent.

Il est donc temps de se pencher plus en détail sur la méthode innovante que constitue la thérapie par téléphone. Bien qu'elle paraisse particulièrement efficace, il faut néanmoins examiner un peu plus spécifiquement à quelles pathologies elle permet de répondre, et dans quelle mesure elle le permet.

Les pathologies adaptées à une prise en charge par thérapie téléphonique

Comme je vous le disais en introduction de ce premier chapitre, nos confrères américains ont très tôt expérimenté la thérapie par téléphone. Leurs raisons sont nombreuses, mais nous pourrions les résumer en quatre points :

- la praticité de cette méthode ;
- son instantanéité et sa souplesse ;
- sa maturité ;
- la liberté d'expression sans contrainte qu'elle permet.

Nous y reviendrons dans le chapitre suivant, l'important étant de comprendre en quoi ces avantages répondent particulièrement bien à certaines pathologies précises.

En effet, les personnes qui souffrent d'*agoraphobie*, de *phobies sociales*, d'*attaques de panique* trouveront dans le lien spécial qui est, au fil d'une thérapie téléphonique, tissé avec leur thérapeute un premier pas décisif vers la guérison. Atténuer ou éradiquer ses *angoisses*, ou bien encore soigner une *dépression* est également tout à fait possible par téléphone, car ces troubles s'installent généralement sur le temps long, et doivent donc, de la même manière, être soignés sur le temps long d'un dialogue : le téléphone est parfait pour cela.

C'est d'ailleurs l'un de mes patients qui m'a permis de découvrir tous les bénéfices de cette pratique du soin à distance. Les diverses expériences que l'on peut connaître en tant que thérapeutes sont en effet des moteurs très forts de l'évolution de notre manière de pratiquer, car nous sommes toujours confrontés à de nouveaux cas de figure qui nous invitent à reconfigurer nos manières de soigner.

Victime d'attaques de panique et âgé de 35 ans, le patient en question ne réussissait plus à sortir de son domicile. Il était de surcroît sous traitement médicamenteux, mais ce traitement ne lui permettait pas de surmonter les angoisses qui montaient à l'idée de sortir de chez lui : la chimie des médicaments ne fait pas tout… C'est ainsi que, peu à peu, il s'est retrouvé en perpétuel huis clos dans sa maison, qu'il lui était absolument inconcevable de quitter.

Ce patient m'ayant été adressé par une consœur, notre premier échange par téléphone me fit ressentir sa déréliction. Comprenant que tout déplacement était pour lui devenu impossible, je lui ai proposé tout d'abord de le soigner par téléphone. À son désarroi perceptible durant tout ce premier entretien, un cri d'espoir se fit entendre à l'autre bout du fil. Au fil des mois et des échanges téléphoniques, il a pu progressivement sortir de chez lui et vit à présent, comme vous et moi, se déplaçant de nouveau dans sa ville de résidence, Marseille.

Après cette première victoire, j'ai donc poursuivi mes recherches et j'ai notamment réfléchi aux atouts de la thérapie téléphonique qui m'avait permis de soigner ce patient sans jamais le pousser à faire ce qu'il n'était pas prêt à faire : s'exposer à l'environnement extérieur. Une nouvelle perspective s'est ainsi ouverte à moi, et mon objectif principal a été d'aider, au mieux, d'autres patients à bénéficier de thérapies par téléphone.

CHAPITRE II

Qu'est-ce que la psychanalyse par téléphone ? Comment se déroule une séance ?

La mondialisation, l'essor des nouvelles technologies et l'immédiateté de nos échanges qui en découle nous détachent de nos réalités, empêchant certains d'entre nous de devenir ce qu'ils sont, ce qu'ils doivent être. La réactivité qu'impose en effet le monde moderne, notamment par le biais des réseaux sociaux, est devenue le fer de lance d'un macrocosme où l'homme peine à trouver sa propre vérité : habitué dès le plus jeune âge à agir et réagir rapidement, sans jamais trop d'égard vis-à-vis de ce qui se passe en son for intérieur, l'homme se noie dans une multiplicité de processus *conscients*.

Pourtant, s'il est une chose avec laquelle vous ne pourrez jamais tricher, c'est bien votre avec inconscient. Il saura vous rappeler votre essence profonde par des actes manqués, des lapsus, des rêves, que vous jugerez effrayants ou dérangeants. C'est pourquoi il vous faut pouvoir aménager dans votre vie des moments où vos actions et vos réflexions sont tournées vers vous-mêmes et vers la compréhension intime de ce que vous êtes. Ces moments peuvent être de natures multiples ; et ils peuvent être, si vous le souhaitez, des moments de psychanalyse.

Cette méthode se construit en fonction de vos problèmes et de votre personnalité. Il n'existe pas de package tout prêt lorsqu'on travaille avec l'être humain, chaque être se révèle unique et chaque thérapie le devient en conséquence. Le chemin peut s'avérer plus ou moins long, suivant vos blocages, vos frayeurs et vos barrières mentales, et il s'étend bien souvent sur le long terme pour toucher à sa fin. En cela, en ce rapport au temps, la psychanalyse apparaît en totale contradiction avec notre monde de la rapidité, de l'efficacité, de l'immédiateté.

Pourtant, il est bien au contraire en totale adéquation avec le monde de la psyché, car c'est un monde de la profondeur, dont les processus se construisent et s'étendent sur des années, sinon des décennies. Pour calmer la phobie qui s'est déclarée quelques mois auparavant, il est parfois nécessaire de remonter vingt, trente ans avant cela, afin de faire émerger des souvenirs dont peut-être vous n'avez même plus conscience. C'est la raison pour laquelle l'exercice psychanalytique est parfois si long et fastidieux : votre psychisme est la construction de tout une vie.

Mais c'est également la raison pour laquelle la psychanalyse suscite parfois des réserves et des appréhensions chez les patients. Ainsi, bien que mon cabinet reste ouvert à ceux qui souhaitent suivre une thérapie traditionnelle ou bien de groupe, il m'a néanmoins paru nécessaire de proposer une méthode plus à même de s'insérer dans le monde évolutif de l'immédiateté. Il peut en effet vous sembler moins fastidieux de consulter durant plusieurs mois de manière hebdomadaire si ce suivi n'implique pas des déplacements constants, et s'il offre des tarifs moins élevés, pour prendre la forme d'une discussion informelle au téléphone. Les bénéfices de cette méthode sont toutefois loin de s'arrêter là, voyons cela !

Les bénéfices de la psychanalyse par téléphone

Dans ce monde qui, nous l'avons vu, s'affole, s'égare et s'embrouille en voulant aller plus vite que l'horloge, les premiers bénéfices manifestes de la psychanalyse par téléphone sont bien évidemment *gain de temps* et *praticité*. C'est, en quelque sorte, le meilleur moyen d'alléger votre thérapie, de la rendre moins chronophage, sans pour autant la rendre moins efficace, bien au contraire.

Plus de crainte de rater votre rendez-vous en cas de grèves, d'embouteillages ou de problèmes de transport de quelque nature que ce soit, de devoir compter le temps entre votre résidence ou votre travail et mon cabinet... Vous économiserez à la fois sur les coûts du transport et le stress que peut générer un déplacement en bus, en métro, en RER ou même en train.

Plus encore, dans le cadre de phobies sociales, d'agoraphobies, d'angoisses liées aux locomotions, la psychanalyse par téléphone se révèle une alliée de qualité pour vous aider à reconstruire votre réponse, vos réponses, à ce monde qui vous angoisse, sans avoir à l'affronter de prime abord. Comment guérir votre peur de la foule, s'il vous faut pour entamer votre guérison vous y exposer avant même d'avoir appris à la tolérer ?

Autres avantages de la psychanalyse par téléphone : *sa souplesse et sa spontanéité*. En effet, il est toujours plus facile d'annuler ou bien de reporter un rendez-vous de cette nature lorsqu'on sait que l'on n'est pas en mesure de partager notre état d'âme. En cas de crise, il vous suffit d'un appel pour qu'il soit possible de caler rapidement une entrevue plus longue, afin que vous puissiez être accompagné dans la gestion de cette crise si cela s'avère approprié. En effet, le caractère physique et imposant d'une thérapie en face à face la rend parfois contraignante, et ses rendez-vous, lorsque l'on ne souhaite plus s'y rendre, donnent parfois l'impression d'être des obligations.

Bien sûr, les rendez-vous thérapeutiques n'en sont jamais, mais le sentiment d'impératif qu'il nous arrive de ressentir à leur égard peut susciter des appréhensions qui sont bien moindres lorsque le rendez-vous tient à un coup de téléphone. Cette légèreté et cette souplesse de la thérapie peuvent ainsi profiter à l'avancement du travail thérapeutique : plus vous êtes détendu et insouciant vis-à-vis de ce dernier, plus celui-ci est efficace.

Cette détente, cette décontraction qui accompagne généralement la thérapie par téléphone se double bien souvent d'une facilité de parole. Favorisée par la distance, cette facilité dans l'expression de soi est à rapprocher du fameux divan et de la position du psychanalyste dans la thérapie traditionnelle. En effet, libéré du regard de l'autre, nous pouvons laisser s'échapper nos pensées les plus profondes : celles que nous taisons par peur du jugement d'autrui et ce quel que soit cet autre que le psychanalyste représente dans notre propre réalité ou imaginaire.

Face à de tels avantages, il est légitime de se demander pourquoi la psychanalyse par téléphone a si peu été pratiquée en France avant la pandémie de Covid-19. Bien qu'elle apparaisse comme une nouveauté sur notre territoire, elle est pourtant pratiquée dans le monde depuis près de soixante ans. Elle a fait ses preuves, tant aux États-Unis qu'en Angleterre, et de nombreuses études réalisées dans ces mêmes pays ont établi que ses résultats sont équivalents à ceux d'une thérapie classique.

La maturité de la psychanalyse par téléphone n'est donc plus à démontrer ; il reste néanmoins à la faire connaître, afin que ce nouveau mode de traitement gagne en visibilité et soit proposé par un plus grand nombre de thérapeutes. Cela me semble être un combat important pour améliorer les conditions d'accès au soin des patients dont les déplacements sont difficiles, sinon impossibles.

Pour que cette nouvelle manière de soigner se démocratise, il faut cependant accepter l'idée que les nouvelles technologies puissent être des atouts pour la psychanalyse, et non des ennemis. Certes, les moyens modernes de communication ont des effets non négligeables sur notre comportement et notre manière de penser. Pourtant, il ne faut pas s'arrêter à leurs effets indésirables, mais se demander également dans quelle mesure on peut en tirer parti pour apaiser nos souffrances et, plus généralement, notre rapport au monde.

En effet, tout comme vous, je ne déroge pas à l'utilisation de toutes ces nouvelles technologies. Et plutôt que de les considérer comme des *perturbateurs de la structuration de nos psychés*, je préfère les employer comme des *outils au service de votre thérapie*. Ils vous permettront de vous reconstruire pas à pas, de dépasser vos peurs ou vos phobies, de vous aider à (re)devenir vous-même.

Comment se déroule le premier entretien par téléphone ?

Comme cela se fait habituellement, vous prendrez contact avec un thérapeute par téléphone. Si vous êtes plus timide, optez pour l'envoi d'un e-mail afin de convenir d'un premier rendez-vous téléphonique. Ce premier entretien vous permettra d'exposer votre problème et de *définir les méthodes et moyens* qui seront employés pour vous aider à le résoudre.

Ce premier entretien demeure bien évidemment gratuit ; il doit vous permettre de décider si vous vous engagez sur ce chemin, et ce n'est qu'après cette première décision que, le cas échéant, la question du tarif de la thérapie sera abordée. Ce premier échange permet également d'évaluer la gravité de vos problèmes et de déterminer s'ils peuvent être traités par une psychanalyse téléphonique ou s'ils nécessitent une prise en charge traditionnelle.

Comme pour une psychanalyse en présentiel, la thérapie téléphonique, bien que plus souple, se doit cependant d'être cadrée pour en tirer le meilleur bénéfice. Ce cadre est choisi d'un commun accord avec le patient, car il en demeure l'acteur principal. Généralement, une à deux séances par semaine sont indispensables et une durée de quarante-cinq minutes reste la plus appropriée.

Si ce rythme peut paraître court, il faut garder à l'esprit qu'une psychanalyse est un exercice éprouvant et qu'un sentiment de fatigue peut très vite se faire ressentir. C'est pourquoi, personnellement, j'évite généralement les séances trop longues ; de même, je veille à ce que ces séances soient toujours espacées de quelques jours, afin de laisser le temps à votre conscient et votre inconscient de s'imprégner d'une vision inexplorée de vous-même. Cette dernière, émergeant progressivement au fil du travail psychanalytique, vous permettra de découvrir de nouvelles manières d'appréhender le monde et de gérer vos angoisses.

Combien de séances seront nécessaires pour traiter mon problème ?

Il est bien évidemment complexe de donner *a priori* le nombre précis des séances requises par une psychanalyse. La raison en est simple : ce nombre varie très largement selon la personnalité et la pathologie des patients. Une dépression n'appelle pas le même suivi qu'une phobie et il est probable que ce suivi ne s'étendra pas sur la même durée, car les critères de la guérison, qui pousseront le patient ou le thérapeute à penser que le premier est *guéri*, seront tout à fait différents.

Il ne faut également pas oublier que le nombre des séances de thérapie varie principalement en fonction de vous : tant que vous ressentez le besoin de vous entretenir, les séances continueront et personne n'y mettra fin. C'est pourquoi il n'est vraiment pas possible de s'avancer sur ce point sans vous connaître un peu plus ; le nombre des séances dépend directement de vos besoins : il dépend de vous, et non du thérapeute.

Je peux toutefois vous indiquer, afin d'être le plus précis possible sur ce point, qu'une thérapie brève se chiffre en moyenne à une trentaine de séances téléphoniques. Cela sera bien plus long si vous désirez vous engager sur le chemin d'une thérapie traditionnelle, même par téléphone.

Qu'est-ce qu'une thérapie brève, exactement ? C'est une thérapie qui, par définition, ne se déploie que sur un très court terme pour répondre à une pathologie très précise. L'exemple le plus probant de ces thérapies est la TCC : la thérapie comportementale et cognitive. C'est une forme de thérapie particulièrement adaptée au traitement des phobies et des tocs, qui s'adressent aux patients qui n'ont pas le temps ou l'envie de se lancer dans une thérapie traditionnelle, plus longue et fastidieuse.

Si, par exemple, vous souffrez d'une peur paralysante de prendre la voiture, il est possible d'envisager une thérapie psychanalytique, en présentiel ou par téléphone, qui visera à identifier les causes profondes et premières de cette peur, qui est perçue comme le symptôme d'un mal enfoui. Si vous n'en avez pas le temps, une TCC visera à vous guérir spécifiquement de cette peur, ce qui nécessitera moins de séances.

En présentiel, une autre solution s'offre aux patients qui désirent suivre une thérapie brève : utiliser la thérapie par réalité virtuelle qui guérit progressivement de la phobie de conduire en mettant virtuellement le patient dans une position où précisément il conduit. Mais, comme la psychanalyse, ce mode de traitement peut se décliner par le biais du téléphone : personnellement, je peux très bien vous accompagner au téléphone tandis que vous vous placez dans votre voiture pour affronter et soigner progressivement votre peur du véhicule.

Ainsi, ces nombreuses options rendent toute anticipation du nombre de séances assez difficile sans parler d'un cas particulier ; mais elles montrent également que les thérapies se déclinent et s'adaptent selon vos besoins, mais aussi selon vos disponibilités : le nombre de séances ne vous est pas imposé, mais est directement adapté au nombre de séances que vous êtes prêt à suivre.

Y a-t-il des différences avec une psychanalyse en présentiel ?

Comme lors d'une thérapie en présentiel, la cure analytique par téléphone a pour but de vous laisser vous exprimer librement. Tout ce qui vous vient à l'esprit spontanément au fil de notre discussion, lors d'un lapsus, ou bien tout ce qui a pu venir à vous antérieurement, par exemple au cours d'un rêve, sera le bienvenu dans le cadre de notre thérapie : car il s'agira d'une matière précieuse pour mon travail, en provenance directe de votre inconscient.

En effet, en psychanalyse, tout ce que vous *dites*, que vous ayez ou non prévu de le dire, est d'une importance fondamentale pour comprendre qui vous êtes et ce qui vous tourmente. Mais tout ce que vous ne dites pas est tout aussi important ; en effet, le silence veut lui aussi dire beaucoup et la thérapie par téléphone a cet avantage de lui laisser de l'espace s'il doit s'installer. Parfois, un silence n'est qu'un refus de verbaliser, de conscientiser une découverte qui s'avère, à cet instant, trop difficile à digérer, appréhender ou accepter.

En cas de silence précisément, ce sera à moi de le relever et de l'analyser, puis de revenir sur ce point plus tard, lorsque vous serez prêt. De fait, dans cette cure analytique, il perdure une crainte coutumière de revivre affectivement une situation conflictuelle ou traumatique, alors qu'il s'agirait plutôt de lui accorder une compréhension intellectuelle qui vous permettra de vous détacher de cet affect négatif.

C'est souvent cette crainte qui vous paralyse dans votre propos, alors que vous vous sentez approcher d'un point trop douloureux pour vous. Bien que le thérapeute en prenne note pour une prochaine conversation, il ne vous forcera pas à continuer dans ce sens, mais essaiera plutôt de relancer la conversation à partir des derniers sujets que vous aurez évoqués pour vous aider à parler à nouveau. Il s'agira surtout de vous donner les moyens de parler, de reprendre possession de votre parole, à un moment où vous la sentez faiblir.

Il ne sera aucunement question de décider de nos sujets de conversation, de régenter les points qui seront abordés dans votre thérapie au fil des sessions. Comme dans une psychanalyse traditionnelle, une codification et une orientation de vos rendez-vous seraient improductives et contraires à la pratique du traitement.

Le transfert, c'est quoi et pourquoi se révèle-t-il d'une telle importance dans la thérapie analytique ?

Le transfert – *Übertragung* en allemand – s'inscrit comme le ressort de toute cure analytique. Il consiste à ce que le patient reporte sur le thérapeute les sentiments éprouvés durant l'enfance, généralement vis-à-vis de ses parents, que ces sentiments soient positifs ou délétères. D'ailleurs, il est à noter que sa traduction littérale est justement « report ». C'est un phénomène que l'on peut observer, dans une moindre mesure, au fil de nos conversations quotidiennes : en racontant une histoire, un rêve, un souvenir, tous les sentiments qui rejaillissent lors de ce récit sont en quelque sorte déplacés, et réorientés vers la personne à qui l'on parle.

Mais ce phénomène est bien plus fort vis-à-vis de votre psychanalyste, qui devient la personne de référence à qui vous confiez systématiquement tout ce que vous ressentez, et dont le travail est précisément de faire rejaillir vos sentiments les plus enfouis. L'analyste devient le plastron qui vous protège de votre histoire, celle que vous lui racontez. Mais en se taisant ou en apportant une légitimation différente de celle qui vous a été donnée par vos personnages si celle-ci s'est révélée traumatique, il participe à votre *reconstruction*.

Le thérapeute joue ici de sa partition pour vous aider à trouver des réponses sur vous-même ; des réponses qui non seulement vous permettront de mieux comprendre qui vous êtes, mais qui vous permettront également de vous défaire de l'idée selon laquelle le psychanalyste *sait*, *connaît* les choses et la vérité sur vous-même. En somme, le travail psychanalytique n'est véritablement un succès que lorsque vous avez compris qu'au fond vous seul connaissez vos désirs inconscients. Or ce travail est très largement favorisé par le processus de transfert.

Ce dernier demeure en effet indispensable à la cure analytique et ne peut qu'être le moteur de votre guérison. Il oscille entre amour et désamour de votre psychanalyste, signe que les sentiments émergent et que votre véritable identité refait surface ; puis, à force d'oscillations, il finit par se réduire à peau de chagrin, signe que vous avez parcouru le bon chemin, que votre analyse vous a libéré.

Le transfert est-il possible dans une thérapie par téléphone ?

Nous avons vu que le transfert consistait surtout en ce que le thérapeute devenait le réceptacle de sentiments vécus des années, sinon des décennies auparavant. Cela induit une forme de proximité entre vous et lui, mais ce thérapeute est alors perçu moins en tant que personne individuelle qu'en tant que personnage incarnant tout ce qui rejaillit en vous ; en d'autres termes, votre thérapeute devient la personne inconsciente qui tente de s'exprimer en vous.

Lorsque Freud a mis en place l'analyse en allongeant son patient sur un divan, tournant le dos au thérapeute, c'était justement *pour faciliter ce transfert*. Le psychanalyste ne devient rien de plus – comme nous l'avons vu dans la section précédente – que l'incarnation d'une part de l'imaginaire du consultant ; et cela est grandement favorisé par le fait que son visage n'est pas visible, il peut alors pleinement disparaître sous la foule de souvenirs que vous ramenez à la vie par la parole libre.

La psychanalyse par téléphone facilite grandement cette notion essentielle de la cure : non seulement le visage du thérapeute n'est pas visible, comme c'est le cas par le système classique du divan, mais en plus, vous ne vous trouvez pas non plus dans son cabinet, dans son univers, mais dans votre propre environnement : dans votre salon, dans votre voiture, dans un parc, peu importe, du moment que vous vous trouvez à l'endroit où vous vous sentez le mieux, où vous vous sentez chez *vous*, et non chez *moi*.

Ainsi, il n'y a physiquement rien autour de vous pour vous rappeler la présence du thérapeute, et la représentation vague d'un interlocuteur au bout du fil suffit à cristalliser tous les souvenirs et sentiments que vous évoquez. Par ailleurs, comme je le soulignais, l'absence de regard et donc de jugement dans l'idéation du patient accroît d'autant plus les bénéfices de cette thérapie à distance : *personne ne me regarde, personne ne me juge, je peux parler librement de ce que je suis et de ce que je ressens.*

CHAPITRE III

Guérir de vos angoisses à l'aide de la thérapie par téléphone

Lorsque je vous parle d'angoisses, d'anxiétés, je vous parle ici de celles qui se généralisent, qui ne se dissipent pas et se suivent sans interruption au long de votre journée ou de votre semaine, laissant peu de répit au lâcher-prise. Il ne faut pas croire en effet que tout sentiment d'inquiétude est le signe d'une pathologie ; bien au contraire, tant que ce sentiment ne devient pas récurrent, et surtout handicapant au quotidien, rien n'est plus naturel !

L'anxiété, le stress demeurent en effet des réponses saines, naturelles et nécessaires à un point précis de votre vie, qui ne doivent durer que le temps de trouver la solution pour remédier au souci que vous rencontrez. Face à un danger, un « syndrome anxieux » se révèle naturel, il permet à votre cerveau de mettre en place les réactions utiles : l'attaque, la fuite, ou la sidération. L'anxiété s'inscrit comme une riposte innée et physiologique qui mobilise le corps et l'esprit pour résoudre un problème.

Il ne s'agit alors pas de guérir de vos angoisses ou de vos anxiétés, mais plutôt de leur redonner une place adéquate, saine et raisonnée dans votre vie : les calmer pour leur redonner le rôle de réponse ponctuelle à un danger, alors qu'elles se sont progressivement imposées sous forme d'un sentiment de détresse chronique et injustifié sur le plan rationnel. Ce qu'il nous faut soigner, c'est donc bien plutôt ce trouble d'anxiété généralisée, ou TAG.

En effet, vivre constamment sur le qui-vive, dans l'attente du pire, entraîne des symptômes psychiques et physiques qui peuvent rapidement relever de la pathologie et générer de plus graves maladies comme des affections cardio-vasculaires : un cœur qui bat la chamade à chaque claquement de porte ou à chaque bruit auquel vous ne vous attendiez pas, à chaque fois que vous êtes confronté à un élément ou à un être que vous croisez au quotidien et qui pourtant continue de vous faire peur, ou bien encore, plus généralement, à chaque aléa de la vie, c'est un cœur qui est mis à mal...

Les symptômes du trouble d'anxiété généralisée

Le trouble d'anxiété généralisée n'est pas forcément perçu par celui qui le subit comme tel ; c'est d'ailleurs bien souvent le problème des affections psychologiques qui tendent à se cacher derrière des symptômes physiques. Pour le patient, il est normal de s'interroger sur tout, d'anticiper à très long terme sur tout ce qui lui échappe et qu'il ne connaît pas encore. Dans le cadre d'un TAG, le patient n'a pas de recul comme dans le cadre de l'attaque de panique que nous verrons un peu plus tard chez Pablo, dans notre chapitre consacré aux phobies (p. 69).

Ce manque de recul fait du TAG un trouble d'autant plus handicapant pour le patient qui en souffre, qui de plus souffre généralement de rapports conflictuels avec son entourage. En effet, sa souffrance se répercute sur sa famille sans que le patient lui-même ait toujours conscience de sa mauvaise gestion de l'anxiété, qui est pourtant susceptible de produire une foule de malentendus, désaccords et irritations, notamment vis-à-vis de ses proches mais aussi parfois dans l'entourage professionnel.

Ces conflits sont très récurrents pour ce type de trouble, car les proches tentent généralement de raisonner la personne qui en souffre, de lui faire prendre conscience de cette mauvaise gestion de l'anxiété. Dans ce cas de figure, ou bien le patient s'enferme dans un déni qui alimente les conflits, produit de nouvelles incompréhensions et rend tout dialogue impossible, ou bien il prend véritablement conscience de ce trouble : alors, il prend conscience du fait qu'il est incapable de contrôler son angoisse, de se contrôler lui-même, ce qui, précisément, l'angoisse encore davantage.

Toutes ces difficultés mettent en évidence la nécessité de procurer un soin psychologique à la personne souffrant de TAG : c'est d'une part le seul moyen d'envisager une guérison, mais c'est aussi, d'autre part, la seule solution pour apaiser ses relations sociales en éclaircissant tous les points qui suscitent l'incompréhension, pour ce dernier comme pour ses proches. Pourtant, bien souvent, ce sont les symptômes physiques qui seront mis en avant auprès du médecin lors des consultations, faisant perdre un temps précieux pour diagnostiquer le véritable souci : le trouble anxieux généralisé.

Si vous êtes facilement sujet à l'appréhension et que vous possédez au moins trois de ces affections physiologiques, c'est que vous souffrez de trouble anxieux généralisé :

- la fatigue s'accumule vite pour vous ;
- vous connaissez de grandes difficultés de concentration ;
- vous vous énervez facilement ;
- vous ressentez régulièrement des crampes musculaires ;
- vous sursautez facilement ;
- votre sommeil est rarement réparateur et vous peinez à le trouver.

D'autres symptômes, comme des palpitations, sueurs plus rapides, pression sur la poitrine, courbatures, vertiges et maux de tête amènent souvent à consulter, mais pas pour ses problèmes d'anxiétés. Il faut donc que vous soyez vigilant vis-à-vis de ces symptômes, et surtout que vous perceviez les différentes significations qu'ils peuvent avoir : ce ne sont pas uniquement des maux physiques, ils peuvent faire signe vers un trouble plus profond et psychologique.

Les causes du trouble d'anxiété généralisée

Il est à noter que les causes génétiques et environnementales sont, bien souvent, liées et même indissociables. Partiellement héréditaire, le risque est donc multiplié si une personne de votre famille souffre déjà de ce syndrome, mais il demeure variable selon les événements et les problématiques auxquels vous êtes exposé au quotidien.

Un événement traumatique ou bouleversant peut induire un TAG, alors même que rien ne vous dispose à développer ce syndrome dans votre hérédité. De même, de nombreuses études ont révélé que les situations économiques précaires constituent des environnements favorables au développement d'un TAG, et c'est somme toute logique : lorsqu'on ne sait de quoi demain sera fait, lorsque chaque fin de mois amorce la crainte du mois qui suit, on finit par reconduire systématiquement nos inquiétudes qui s'installent et prennent la forme d'un stress chronique.

Le patient souffrant de trouble anxieux généralisé passe donc sa vie comme un équilibriste. Il tente de composer avec chacune de ses angoisses les plus insignifiantes qui prennent progressivement la forme et l'ampleur des angoisses vitales et biologiques : bien au-delà du « verre à moitié vide », il se retrouve à imaginer des dangers mortels dans le simple fait de traverser la route pour aller saluer son voisin.

C'est pourquoi il ne faut pas négliger ce genre de trouble quand on sent quelques premiers symptômes s'installer : on a souvent tendance à minimiser l'importance de ce qui « n'est que du stress », à tort ! Le stress, s'il prend de la place et s'étend outre mesure jusqu'à devenir permanent, a tendance à évoluer, à changer de nature pour prendre la forme d'une véritable pathologie en même temps qu'il devient votre nouvelle manière de vivre.

Le trouble d'anxiété généralisée : un dysfonctionnement évolutif ?

Le trouble d'anxiété généralisée, s'il n'est pas soigné, peut se transformer en différents troubles dont nous prendrons le temps d'évoquer chaque cas dans le chapitre suivant :

- Les phobies, et en particulier les phobies sociales : l'anxiété se concentre sur un seul objet qui cristallise toutes vos émotions négatives. Ce peut être la foule, un animal ou un insecte, comme le rat ou l'araignée, ou bien encore un objet comme les ascenseurs, les voitures…
- L'attaque de panique : c'est, comme toute forme d'anxiété, un sentiment de peur anticipatoire. Elle dure

en général de quelques minutes à quelques heures et ouvre la voie aux conduites d'évitement, comme dans les phobies.

- La dépression : issue de la même sensibilité biologique, la dépression augmente l'anxiété et l'anxiété accroît le syndrome neurasthénique. Ne pas soigner l'une et l'autre en même temps serait alors contre-productif.

Il est donc important, si vous vous reconnaissez dans les portraits esquissés ci-dessus, qui relèvent tous d'une forme de crainte généralisée du lendemain, de vous prendre en main et de choisir le mode de psychothérapie qui vous conviendra le mieux. La question que vous devez vous poser n'est pas tant : « Est-ce une thérapie qui fonctionne ? » que : « Est-ce une thérapie qui est adaptée à ma personnalité et à ma pathologie ? »

En ce qui concerne plus particulièrement la thérapie par téléphone, si toutes les personnalités ne sont pas à l'aise avec ce type d'échange, soyez sûr néanmoins qu'il est parfaitement adapté à tous les troubles dont nous venons de parler, qui sont de l'ordre d'une anxiété omniprésente.

Pourquoi la thérapie par téléphone contribuera-t-elle à la gestion de votre anxiété ?

Lorsque tout dans votre vie quotidienne vous angoisse et vous fait peur, prendre le téléphone est souvent le geste le plus facile. Pourtant, quand ce geste se limite à prendre un rendez-vous pour un jour ultérieur, sans vous permettre d'exprimer alors vos attentes et vos questionnements, il peut vite se révéler frustrant et oppressant pour vous : l'échange est vite avorté et ne sert qu'à prévoir l'échange futur.

Dans le cadre de la thérapie téléphonique, le premier entretien vous offrira d'exposer vraiment votre problème et, avec le psychothérapeute, vous vous lancerez directement dans sa résolution, pour une guérison rapide. Si vous optez pour une thérapie cognitivo-comportementale plutôt que pour une psychanalyse, ce premier entretien sera alors l'occasion d'une analyse fonctionnelle, qui nous permettra de poser les bases du travail pour vous aider à guérir de votre anxiété chronique.

Dans tous les cas, qu'il s'agisse de psychanalyse ou de TCC, vous acquerrez au fur et à mesure de votre thérapie par téléphone de nouveaux réflexes pour gérer votre stress, et trouverez de nouvelles réponses aux angoisses de chaque jour. Il ne s'agit pas de faire disparaître les difficultés, mais de vous permettre de les affronter muni, cette fois, d'armes affûtées. Dans le cadre de la psychanalyse, l'arme principale sera la compréhension de vous-même, l'acceptation de ce que vous êtes. Lorsque, alors, vous serez véritablement en adéquation avec vos désirs et vos pensées, vous comprendrez alors mieux que jamais d'où viennent vos angoisses et, du même coup, vous les ferez disparaître : car elles n'auront plus rien à vous signaler, vous aurez *compris*.

Dans le cadre de la TCC, l'arme principale sera l'habitude : il sera fait en sorte que vous vous accoutumiez progressivement, à petites doses, à ce qui dans votre quotidien est la source d'un stress insupportable. Ainsi, comme un enfant à qui on apprend petit à petit à apprécier les aliments qui lui sont de prime abord repoussants, le thérapeute vous accompagnera par téléphone dans la confrontation à ce qui vous effraie pour vous y désensibiliser, pas à pas.

CHAPITRE IV

Phobies : les avantages de la psychanalyse par téléphone

La phobie se caractérise par une peur irrationnelle, dont la personne a toute conscience, suscitée par une situation déterminée, comme le fait de traverser un pont, de marcher dans la rue, ou bien par un élément ou un être précis, comme les araignées, la saleté, un certain type de décoration… Cette conscience que le patient a de sa propre peur l'oblige à mettre en place des conduites d'évitement qui peuvent le pousser progressivement à s'isoler, comme ce fut le cas pour mon premier patient par téléphone, Pablo.

Certaines phobies paraissent plus faciles à gérer que d'autres. La peur des serpents ou des souris par exemple, que nous croisons rarement sous nos latitudes et dans nos maisons, a un impact réduit sur notre quotidien car elle n'émerge que ponctuellement. D'autres ont des répercussions beaucoup plus prégnantes dans la vie collective ou professionnelle des phobiques, leur imposant peu à peu la réclusion afin de se dérober à ces situations de stress intenses.

C'est notamment le cas des phobies sociales, rendant, la plupart du temps, les personnes qui en souffrent inaptes à travailler, à s'épanouir dans leur vie personnelle, ce qui peut être source de grandes frustrations et accentuer encore leur mal-être. Mais l'un des avantages de la thérapie par téléphone est précisément de permettre au thérapeute la prise en charge de ces phobies plus handicapantes, car elle donne les moyens de soigner les patients sans les obliger à s'exposer aux objets de leur peur.

Nous allons donc commencer par revoir les différents types de phobies, car il est en effet important de les distinguer les unes des autres et de ne pas tenir des propos généraux sur la question. Après cela, nous pourrons alors déterminer quelles phobies se prêtent particulièrement bien à la thérapie téléphonique.

Les différentes formes de phobies

Les phobies sont classifiées en formes simples et en formes complexes.

Les phobies simples se distinguent en quatre catégories :

- les phobies animales : la plus connue étant l'arachnophobie pour la peur des insectes ; un autre exemple, plutôt rare, est la cynophobie, ou la peur des chiens ;
- les phobies « environnementales » : la peur des orages, des inondations ;
- les phobies du sang, des injections et des blessures : reliées aux procédures médicales, elles peuvent aussi s'avérer handicapantes pour les soins du patient ;

– les phobies situationnelles – transports en commun, ponts, tunnels, avions, ascenseurs, lieux clos et même la conduite d'un véhicule – peuvent générer de la phobie pour certains d'entre nous.

Les formes complexes de la phobie sont principalement représentées par l'agoraphobie, ou peur de la foule, et les phobies sociales :
- la phobie scolaire ;
- la phobie des contacts physiques (haptophobie) ;
- la phobie du désir sexuel (aphrophobie) ;
- la phobie des gens (anthropophobie, misanthropie) ;
- la phobie des hommes (androphobie, misandrie) ;
- la phobie de rougir (éreutophobie).

La peur demeure un sentiment standard chez l'homme, lorsqu'il intervient comme alerte à une situation donnée et pour nous éviter un danger réel. Dans le cas d'une phobie, cette peur devient irrationnelle et incontrôlable. Il ne faut pourtant pas oublier que la peur contribue au développement normal de l'enfant, comme la peur de la séparation, la peur du noir, ou des monstres cachés sous les lits... Ces peurs apparaissent et disparaissent au cours du cheminement psychique de l'enfant. Toutefois, si certaines perdurent et engendrent de l'angoisse, il est impératif de les soigner afin qu'elles ne se transforment pas en handicaps.

Les causes de la phobie

La phobie ne doit pas être vue comme une simple peur, c'est un trouble anxieux qui peut s'avérer handicapant pour celui qui la subit et peut conduire à la maladie. Elle n'est donc pas à confondre avec certaines peurs qui sont programmées par notre cerveau et qui ont pour but de nous éviter les comportements à risque qui mettraient notre vie en danger. La peur du vide, celles de l'obscurité ou des serpents – héritage de nos ancêtres – participent en effet à notre survie lorsque notre environnement s'avère plus dangereux.

Il est à noter que certaines phobies se déploient dans l'enfance, d'autres à l'adolescence ou encore à l'âge adulte. L'angoisse de séparation, par exemple, se développera plus facilement dans la petite enfance, ainsi que la phobie des actes médicaux ou la claustrophobie. Un événement traumatisant, comme un décès ou un accident pourront entraîner des phobies chez l'adolescent ou l'adulte. Pour la plupart des phobies simples, les études ont permis de montrer que l'environnement familial peut également les transmettre : si vous êtes phobique des araignées, il est possible que votre enfant apprenne à les craindre de façon irrationnelle malgré vous.

Les causes des phobies complexes s'avèrent quant à elles plus difficiles à cerner. Des facteurs neurobiologiques, environnementaux, génétiques et psychologiques entrent en jeu. Elles aussi sont parfois retrouvées chez des patients d'une même famille, ce qui indique un terrain héréditaire. Par ailleurs, la thérapie par téléphone donne d'excellents résultats pour ce type de phobies, notamment car leur caractère plus intime, plus personnel, peut alors être abordé en douceur, dans le confort de la distance physique : on a beaucoup moins de mal à parler, en face à face, de notre peur des serpents, que de notre peur du contact ou du désir. Il faut néanmoins préciser que la psychanalyse est bien plus indiquée que les TCC pour répondre à ces phobies, au vu de leur complexité et des causes profondes dont elles relèvent bien souvent.

Les symptômes de la phobie

Comme je vous l'expliquais, la phobie ne saurait se comparer à la peur, et le premier critère qui vous permettra de distinguer l'une de l'autre est le suivant : vous trouverez toujours le moyen d'affronter et de dépasser votre peur. Dans le cadre d'une phobie, au contraire, et même en toute conscience de l'irrationalité de vos réactions, vous allez vous retrouver dans une incapacité réelle de la dominer.

Ainsi, la conscience du fait que vous ne vous maîtrisez plus est au moins aussi angoissante que l'angoisse première elle-même, c'est ce qui rend la phobie aussi handicapante, et ce qui doit faire de votre guérison une priorité. Cela est d'autant plus décisif qu'une phobie peut mener à des comportements irrationnels et, en dernière instance, dangereux pour votre vie ou celle des autres : en voyant le danger où il n'est pas, vous pouvez vous exposer à des dangers bien plus grands.

Lorsque vous êtes face à l'objet de votre phobie, certains symptômes vont alors se manifester :
- hyperventilation ;
- tachycardie ;
- bouffées de chaleur ;
- transpiration inhabituelle et excessive ;
- vertiges.

Des troubles du sommeil ou gastro-intestinaux peuvent aussi se manifester, en particulier pour les phobies complexes comme la phobie scolaire : en effet, votre enfant n'a mal au ventre que lorsqu'il doit se rendre à l'école. Les troubles gastriques sont généralement significatifs et il ne faut pas les négliger : ce sont bien souvent les premiers symptômes qui font signe vers l'existence sous-jacente de difficultés psychologiques.

Des attaques de panique peuvent également apparaître : Pablo souffrait systématiquement de ces crises – que je préfère nommer *crises de saisissement* – à la seule idée de quitter son domicile.

La prise en charge de la phobie par téléphone

Bien avant l'analyse, le premier entretien déterminera la nature de votre phobie, son intensité. Après avoir exposé les faits, vous répondrez à un questionnaire qui permettra de gérer votre suivi par téléphone. Le psychothérapeute pourra ainsi vous assister pour reprendre rapidement votre vie en main et ne plus laisser cette phobie conduire à votre place.

Comme pour Pablo, le premier échange aidera à comprendre votre demande et à définir vos motivations. Nous avons besoin de ce premier échange, car chaque personne est unique, et la même phobie ne se traduit pas par les mêmes symptômes ni n'est déclenchée par les mêmes causes. Partant de ce constat, il n'existe pas de norme à proprement parler de la thérapie, qui doit s'adapter à vous et à votre phobie afin de vous permettre de retrouver une gestion correcte et saine de votre peur.

C'est donc avec attention que le thérapeute vous écoutera afin d'établir, avec vous, la poursuite des entretiens. C'est alors vous qui déciderez, *in fine*, de continuer les échanges par téléphone au rendez-vous fixé.

Phobies : les avantages d'une thérapie par téléphone

Nul besoin de médicaments pour soigner les phobies, les méthodes alternatives ont fait leurs preuves et produisent des résultats efficaces. Dans cet ouvrage, je vous en aurai présenté deux : la thérapie psychanalytique, et la thérapie comportementale et cognitive qui peuvent être pratiquées en présentiel comme au téléphone.

Dans le cadre d'une thérapie comportementale et cognitive, les phobies simples se soignent en moyenne en trois mois, à la condition d'un suivi correct. Selon la personne et sa phobie, le temps peut s'avérer plus long ou plus court, mais l'investissement du patient reste primordial pour obtenir des résultats. Dans le cadre des phobies complexes, la thérapie sera souvent plus longue, car il nous faudra déconstruire les automatismes que vous avez instaurés pour gérer cette peur irrationnelle. Et, grâce à ce suivi, au fil des séances, elle se transformera, s'affaiblira jusqu'à disparaître tout à fait. Comme je vous l'ai indiqué plus tôt, la solution la plus adaptée pour une phobie complexe demeure de combiner les TCC à la psychanalyse, pour une guérison du trouble en profondeur.

Dans tous les cas, la thérapie par téléphone est la réponse la plus pertinente à ce dernier : se déplacer, rencontrer des gens, prendre les transports en commun étant générateurs d'angoisses et de symptômes importants, le téléphone va vous permettre de ne pas recourir à vos schémas d'évitement. Vous serez donc plus à même de participer activement à votre thérapie sans qu'elle soit source de conflits intérieurs supplémentaires.

Lorsque j'ai proposé à Pablo de travailler par téléphone plutôt que lui imposer une visite à mon cabinet, le stress que je percevais en lui a disparu et nous avons pu définir sereinement les premiers pas de sa thérapie. Le téléphone m'a semblé être l'unique solution pour Pablo, l'unique issue à sa situation, qui semblait véritablement désespérée. Incapable de sortir de son domicile, la seule idée de devoir quitter son logement entraînait chez lui des épisodes de déréalisation et de dépersonnalisation. Ces expériences ne faisaient qu'ajouter à son angoisse et le forçaient, dans un état de semi-conscience, à faire appel aux services d'urgences ou à SOS Médecins afin qu'on lui prescrive une ordonnance.

Il ne souffrait pourtant pas de schizophrénie, mais bien d'agoraphobie. La thérapie par téléphone lui a fourni la possibilité de se soigner sans se retrouver, à chaque séance, dans un contexte toujours plus oppressant et terrifiant. Notre premier échange et mon écoute active lui ont permis de faire un premier pas vers sa guérison. Être écouté l'a autorisé, dans ce premier échange, à reconquérir une partie de l'assurance qu'il avait perdue ainsi qu'une confiance en l'avenir, elle aussi disparue. Voir, entendre et comprendre sa situation m'a enjoint de lui proposer l'alternative du suivi en cabinet dont il avait besoin par une thérapie à distance.

Pablo vit aujourd'hui sereinement, sans plus aucune crainte des autres, et ce retournement de situation montre bien comme un outil aussi banal qu'un téléphone peut avoir un rôle décisif à jouer dans le cadre d'une thérapie. De telles histoires doivent ainsi être perçues par les thérapeutes comme des invitations à considérer de nouvelles manières de soigner, pour élargir toujours nos possibilités d'action et de guérison. En ce qui concerne les phobies en tout cas, et tout spécialement les phobies complexes, nul doute que le téléphone est un allié de taille.

CHAPITRE V

L'attaque de panique et la thérapie à distance

Le cas de Pablo reste intéressant à bien des égards. En particulier, son agoraphobie générait chez lui des attaques ou troubles paniques qu'il ne parvenait pas à gérer sans l'usage de médicament. Et pour lui, impossible d'effectuer des actions aussi simples que celle de se rendre à la pharmacie, ce qui ne pose aucun problème à la plupart d'entre nous, mais ce qui s'avère véritablement terrifiant pour un phobique social, et peut alors provoquer une panique incontrôlable.

Comment apparaît ce trouble panique, quelles causes génèrent ce comportement hors norme, comment les crises se déroulent-elles ? C'est ce que je vous propose de découvrir au fil de ce nouveau chapitre.

Comment naît l'attaque de panique ?

Le trouble panique s'inscrit comme une anxiété maximale, jetant le patient dans une crise d'angoisse intense qui le marquera à jamais. Toutefois, pour parler de trouble panique, ces crises devront se reproduire consécutivement, soit au moins une fois par semaine, sur une durée de quatre semaines.

Le terreau du trouble panique trouve son origine à la fois dans l'hérédité et dans notre environnement. Les chercheurs s'accordent à dire que le trouble panique peut se révéler de souche héréditaire, en particulier dans le cadre d'un déséquilibre des neurotransmetteurs. Si par ailleurs, une personne de votre entourage souffre elle-même de ce syndrome, vous risquez fortement d'en pâtir également.

Les facteurs environnementaux sont variés et peuvent se diviser ainsi : l'angoisse de l'inconnu et la perception récurrente d'un danger surinvestissent à outrance sur des symptômes physiques comme les palpitations ou la sensation d'étouffement. Bien évidemment, la perte d'un être cher, la séparation, la perte d'un emploi, ou encore le fait de souffrir d'une maladie chronique se révèlent aussi comme des leviers déclencheurs. Submergés par la panique de la situation, votre esprit et votre corps ne trouvent que cette réponse à apporter aux questionnements qui vous bouleversent et vous emmènent dans l'ellipse du trouble panique : angoisse + stress + peur d'angoisser.

La première crise de panique lègue, comme je vous le disais, une trace indélébile dans la mémoire de celui qui la vit. On pourrait légitimement penser que cette dernière, entraînant couramment des manifestations de déréalisation et de dépersonnalisation, ne laissera aucune empreinte, mais il n'en est rien. Le seul fait de sentir, l'espace de quelques secondes ou minutes, que l'on n'est plus tout à fait *soi-même* est une expérience choquante et accablante qui peut même relever, pour certains individus, du traumatisme.

Il est à noter cependant que, avant d'en arriver à une crise de panique, d'autres symptômes font généralement signe vers la souffrance psychologique sous-jacente et devraient nous inciter à lever le pied. Seulement, le fait est que, le plus souvent, nous n'y prêtons que peu d'attention. Bien sûr, cela ne vaut pas pour les crises de panique provoquées subitement par un événement ponctuel, comme l'annonce de la mort d'un proche.

Les facteurs alarmants avant la première crise de panique

On ne passe pas d'un état de bien-être général à une attaque de panique sans signes avant-coureurs. Ce serait une hérésie de le croire et certaines manifestations associées devraient nous alerter.

En effet, bien souvent, les personnes souffrent de certains symptômes en amont de la première crise :
- maux de dos ;
- migraines ;

– nausées ;
– pertes de sommeil ;
– pertes d'appétit...

Votre corps et votre inconscient, lassés de parler dans le vide, vont donc réunir la grosse artillerie afin que vous entendiez enfin leur message : « Alerte ! »

Pour cela, votre corps va booster l'adrénaline afin que vous écoutiez ce que votre inconscient a à vous dire, mettant en place une réaction exagérée face à une situation de peur que vous savez normalement gérer : cette réaction exagérée, c'est la crise de panique.

La première crise de panique

Imaginez-vous en train de réaliser vos courses de la semaine, vous vous apprêtez à passer en caisse et là, c'est comme si vous vous retrouviez face à un ours. Votre esprit n'a bien évidemment pas pris l'hôtesse de caisse pour un ours, mais votre inconscient, à cet instant précis, a considéré que vous étiez en danger de mort. Il met donc en place la stratégie appropriée face à ce danger : l'adrénaline arrivée en masse dans votre corps va provoquer palpitations, difficultés à respirer, bouffées de chaleur ou sueurs froides, tensions musculaires...

Toutefois, vous restez tout à fait conscient du fait que ces ressentis physiques et les peurs psychologiques que vous souffle votre cerveau sont en inadéquation totale avec la réalité qui vous entoure : vous vous trouvez dans un environnement calme et sûr, pourtant ce que vous ressentez, en votre for intérieur, ne colle pas du tout. Cela entraîne l'angoisse sous-jacente d'être angoissé pouvant aller jusqu'à un sentiment de déréalisation.

Cette première crise peut durer de quelques minutes à quelques heures. Le stress de revivre un tel épisode – je me permets de vous rappeler que le souvenir de la première crise de panique demeure très présent dans la mémoire du patient – peut amener la personne à mettre en place des conduites d'évitement. Dans le cas précédemment cité, la personne pourra décider de ne plus aller faire ses courses afin d'éviter toute nouvelle poussée.

Elle sait bien, pourtant, que le supermarché n'a absolument rien d'un environnement dangereux, mais elle l'efface progressivement de la carte des endroits où elle peut se rendre : le supermarché n'est plus une possibilité. C'est ainsi que, sans obtenir les soins appropriés, ces crises peuvent très rapidement se transformer en phobie, car la forte panique éprouvée va être, par association, assimilée à l'endroit où elle est survenue, ou bien à la personne qui se trouvait présente à cet instant, ou bien encore à un objet visualisé à ce même instant…

La première attaque de panique crée donc un terreau propice à la peur d'avoir peur, laissant le sujet sans armes pour combattre cet état d'anxiété maximale.

Les symptômes de l'attaque de panique

Les symptômes de l'attaque de panique sont nombreux et plusieurs d'entre eux doivent être concomitants pour la définir comme telle.

Les symptômes physiques

Ils font partie des angoisses sous-jacentes qui effraieront le patient :

- sentiment de perdre l'équilibre : étourdissements, instabilité en se déplaçant, abasourdissement ;
- difficulté à respirer : halètement, sensation d'étouffement de suffocation ;
- sensations cardiaques : palpitations, oppression ou douleurs dans la poitrine ;
- engourdissement ou picotement des membres inférieurs et supérieurs, des lèvres ;
- crampes d'estomac ;
- tensions musculaires : tremblements, sursauts sans raison ;
- bouffées de chaleur ou sueurs froides ;
- nausées ;
- faiblesse des membres inférieurs ou faiblesse généralisée…

Les symptômes psychologiques associés

- La déréalisation : la personne qui subit une crise de panique, précisément parce que ses sentiments ne sont pas adaptés à son environnement, aura le sentiment que le monde qui l'entoure est irréel. Tout lui devient singulier, étrange et étranger ; tout devient, à ses yeux, propice à se demander : est-ce que c'est bien réel ? Cette personne a en effet la sensation que les événements se déroulent comme dans un rêve et ne se sent plus actrice de la réalité.
- La dépersonnalisation : il y a une dissociation entre ce que vit la personne et son sentiment d'appartenance à elle-même. Pendant la crise, elle se rend compte qu'elle ne va pas bien, que quelque chose ne colle pas et peut donc se diriger spontanément vers des services d'urgences, mais en prétendant plutôt des symptômes physiques, comme un problème cardiaque.
- La sensation d'une catastrophe imminente peut également se constater durant l'attaque : peur de mourir, de perdre le contrôle de ses actes, de devenir fou.

Après l'attaque de panique, l'individu ne recevant plus l'arrivée massive d'adrénaline se retrouve épuisé, physiquement et psychologiquement. Le corps aura en effet concentré toute son énergie dans cette réaction exagérée, dans cette panique démesurée, et se retrouvera tout à fait vidé et dépourvu d'énergie au terme de la crise.

Si vous souffrez d'attaques de panique, je souhaite vraiment que ce chapitre n'ait pas augmenté vos angoisses et qu'il vous ait permis de mettre un nom sur ce que vous subissez. Car nommer les choses, les comprendre, c'est déjà commencer à guérir.

Soigner l'attaque de panique par téléphone

Le trouble panique peut donc se définir comme une anxiété anticipatoire. Si personne ne vous a expliqué la nature de cette première crise, et surtout la nature des symptômes physiques ressentis, qui ne sont rien d'autre que les manifestations d'une réponse naturelle que votre corps aurait mise en place face à un ours, alors vous avez sans doute réagi par des conduites d'évitement. Or ces conduites d'évitement vous empêchent de vivre car elles contrôlent tout à fait vos actions et vos itinéraires : tout ce que vous faites, tout ce que vous décidez n'est pas fait et décidé en vertu de ce que vous *voulez*, mais de ce que vous *voulez éviter*.

Ainsi, l'angoisse augmentant, votre cerveau a lui aussi préparé de mauvaises réponses, vous entraînant, en boucle, dans la crainte de la peur elle-même, quand cette peur devrait servir à vous préserver de ce qui constitue un véritable danger pour vous. Votre vie entière est alors régie par cette peur d'avoir peur, que vous ne parvenez même plus à distinguer de la peur légitime et naturelle.

La thérapie par téléphone, comme dans le cadre des phobies, possède donc l'immense avantage de ne pas rajouter une couche de stress supplémentaire à votre psyché anxieuse. Prendre le téléphone, garder cette distance au monde qui s'avère pour le moment nécessaire se révèle plus facile que de devoir vous déplacer, prendre le risque d'une nouvelle crise, vous ne savez où, ni quand.

Cette distance n'empêchera pas pour autant la présence du thérapeute, à l'autre bout du fil, pour vous permettre de passer, peu à peu, les étapes qui vous autoriseront à ne plus avoir peur de la peur elle-même. Il s'agira surtout de reconfigurer vos réponses face à la réalité, de réadapter vos peurs et de les réassigner à leur exercice naturel et légitime. Seulement, vous aurez accès à cet accompagnement thérapeutique sans vous exposer à toutes les contraintes qui l'auraient rendu angoissant, s'il avait été physique.

CHAPITRE VI

Peut-on soigner la dépression à l'aide d'une thérapie par téléphone ?

Avant de vous répondre, il nous faut revenir sur l'acceptation de la *dépression* qu'il ne faudrait pas confondre avec une simple *déprime*. En effet, si sain que se présente notre cerveau, si équilibrée que soit notre vie, nous passons tous par des phases heureuses, tristes ou stressantes durant notre existence. *Les périodes d'ennui ou de mélancolie s'inscrivent dans notre existence sans pour autant devenir pathologiques.*

La dépression est donc une maladie – et non un état psychologique ponctuel –, qui possède sa propre définition dans le *DSM-IV* (*Diagnostic and Stastitical Manual of Mental Disorders*), ouvrage médical de référence servant à l'établissement du diagnostic des maladies mentales. Il existe *neuf symptômes majeurs* qui déterminent la maladie et concernent les sphères corporelles et cognitives.

Encore aujourd'hui, trop de personnes souffrant de dépression se sentent honteuses de leur affection, alors que, comme pour une grippe, *vous n'en êtes pas responsable.* Ce sentiment de honte, en plus des syndromes que vous subissez par cette pathologie, vous empêche bien souvent de solliciter des soins qui sont pourtant tout à fait légitimes et nécessaires. Il me paraît donc important, dans cet ouvrage, de vous rappeler que vous n'êtes pas seul, que votre maladie n'est pas de votre fait mais qu'elle se soigne.

Découvrons donc à présent les symptômes de la dépression et les différentes dépressions répertoriées dans le *DSM-IV*.

Les symptômes de la dépression

Comme toute maladie, la dépression se définit par différents symptômes qui touchent trois domaines : *psychique, physique et psychomoteur.* Lorsqu'on est atteint de cette maladie, c'est un ralentissement général de nos capacités qui survient ; tout paraît difficile et insurmontable, parfois même le simple fait de se lever demande un effort considérable.

Les symptômes psychiques

• **Sentiment de vide** : tout paraît sans intérêt, même votre plus grande passion se délite au profit d'un sentiment de « goût » à rien. L'anhédonie ou l'incapacité à prendre plaisir pour les choses simples ou qui vous enthousiasmaient représente l'une des caractéristiques la plus criante de la dépression.

• *Hypersensibilité ou labilité* : la tristesse profonde qui jalonne vos journées s'alourdit de pleurs ou d'un désespoir insurmontable dont vous ne connaissez pas la cause. Elle s'accompagne souvent d'une instabilité qui laisse le patient dans l'angoisse : dans le même temps, la dépression vous aliène également à une indifférence grave aux choses et au monde pour revenir ensuite à l'hypersensibilité.

• *Dépréciation de soi* : se sentir inutile, penser que l'on ne sert à rien, que l'on représente un poids pour ceux que l'on aime est envahissant, et peut nous pousser à nourrir progressivement des idées d'automutilation ou de suicide, que l'on appelle communément *idées noires*. Cette dépréciation de soi cohabite avec le sentiment que les autres ne nous aiment pas, qu'on ne les intéresse pas, peut-être même qu'on les gêne et que l'on constitue une nuisance pour eux.

• *L'anxiété* peut également s'inviter dans cette souffrance : ruminations et sentiments de catastrophes imminentes rongent l'imagination du patient. Attention toutefois, il ne s'agit pas ici des troubles anxieux que j'ai évoqués dans le chapitre III. Dans ce cadre, l'anxiété joue bien le rôle d'un symptôme et non d'un trouble.

Les symptômes physiques

La dépression induit encore des symptômes physiques couramment nommés *psychosomatiques* comme les maux de dos et les maux de tête pour les plus fréquents. On constate souvent une perte de poids importante du patient, que l'on peut rapprocher du manque d'intérêt pour tout, même pour les activités vitales comme la nutrition. A *contrario*, une prise de poids importante peut aussi apparaître, le dépressif remplissant ainsi son sentiment de vide intérieur par l'absorption inconsidérée de nourriture.

D'une manière générale, le patient atteint de dépression se sous-alimente, se suralimente, mais se restaure mal, donnant la priorité aux aliments qui lui demanderont peu de préparation ou d'investissement.

Les troubles du sommeil, qu'il s'agisse d'*insomnie* ou d'*hypersomnie*, se retrouvent couramment dans la dépression, entraînant une fatigue générale dont le patient ne peut se défaire. Bien souvent, il peine à trouver le sommeil et ses nuits sont entrecoupées de plusieurs réveils. Dans le cas de l'hypersomnie, le sommeil se présente comme le moyen de fuir la souffrance qu'il subit jour après jour : des patients peuvent passer leurs journées et leurs nuits entières à dormir, se réfugiant dans le confort des rêves pour ne pas affronter une réalité noire ou vide d'intérêt.

Les symptômes psychomoteurs

Du fait du ralentissement total que ressent le patient à la fois dans son corps et dans sa psyché, différents symptômes psychomoteurs peuvent apparaître :
• *une difficulté de concentration et de réflexion* allant jusqu'à rendre laborieuse la prise de décisions ; on appelle cela *l'aboulie* ;
• une lenteur dans le débit de parole et les gestes du patient, provoquant chez lui des difficultés à réaliser des actions simples ;
• les mouvements du visage, diminués, peuvent faire croire à de l'indifférence alors qu'il n'en est rien : cela peut d'ailleurs susciter des situations sociales conflictuelles qui surajouteront aux souffrances du patient, ainsi qu'à sa tendance pathologique à penser que l'autre ne l'aime pas ;
• la libido devient inexistante, car liée au désir ;
• *a contrario*, certains patients mus par l'angoisse qui les étreint deviendront *hyperactifs* et ils ne pourront rester en place, victimes d'une agitation qu'eux-mêmes ne savent expliquer.

Peut-être reconnaissez-vous certains de vos symptômes dans cette liste non exhaustive. *Toutefois, ce n'est qu'à l'issue du premier entretien et d'un examen attentif de vos symptômes que pourra être établi le diagnostic et qui permettra de travailler, si vous le souhaitez, à votre guérison.* Notre premier échange servira également à déterminer de quel type de dépression il s'agit. Je me permets de vous le préciser car il est fortement déconseillé de se lancer dans un autodiagnostic, qui peut devenir une grande source de confusion chez les patients. En effet, l'autodiagnostic tend à accentuer leurs symptômes, sinon à en faire apparaître de nouveaux lorsqu'ils s'identifient à une catégorie pathologique précise.

Les différentes formes de dépression

Il n'existe pas une forme de dépression, mais plusieurs. Chacune possède ce socle commun :

- un état de tristesse continue d'au moins quinze jours ;
- le changement de comportement se révèle handicapant dans la vie sociale et professionnelle du patient.

Des différences interviennent ensuite, et permettent de les classifier afin d'apporter le soin le plus adapté à la guérison de chaque patient.

L'épisode dépressif caractérisé ou trouble dépressif majeur

Le trouble dépressif majeur se présente avec au moins quatre symptômes, à la fois physiques et psychiques. En fonction de leur nombre et de leur intensité, il sera ou non considéré comme sévère. Dans les cas les plus graves, la personne ne saura plus prendre soin d'elle-même ou tentera de mettre fin à ses jours. Un suivi très important sera alors mis en place dans les premiers mois de la survenue de cet épisode.

Cet épisode dépressif se révèle dans la majorité des cas concomitants des cycles de la vie, voire de l'année. Des dépressions saisonnières peuvent apparaître, en particulier à l'entrée en automne, pour disparaître au printemps. Elles sont plutôt rares, leur socle est souvent dû à une malabsorption de vitamines indispensables à notre humeur, et fabriquées par notre corps grâce à l'ensoleillement, ou bien à une mauvaise alimentation qui n'apporte pas ces vitamines.

Le deuil entraîne bien évidemment un épisode dépressif, qui est une étape naturelle dans le traitement d'une information aussi difficile que la mort d'un proche. Toutefois, lorsque les symptômes persistent au-delà de deux mois, ou lorsqu'ils deviennent invalidants, il vous faudra absolument consulter.

La grossesse est également une période à risques pour les mamans, qu'il s'agisse du premier enfant ou non. Si le baby-blues est une période naturelle de doute, il faut veiller à ce qu'il ne se transforme pas en dépression du post-partum. Véritable épisode dépressif, il met en danger la mère et le nourrisson et débute durant le premier mois après l'accouchement.

En fonction de l'âge, les troubles dépressifs présenteront des caractéristiques spécifiques. Chez *l'enfant et l'impubère*, ils peuvent susciter des comportements de retrait, d'absence ou au contraire une certaine agitation ou de l'irritabilité peuvent se manifester. Des conduites à risques sont à ajouter au tableau clinique pour les adolescents, comme la consommation d'alcool, de drogue, l'indifférence vis-à-vis de l'entourage ou encore les violences verbales.

Chez nos seniors, la difficulté réside plus dans le fait de reconnaître l'épisode dépressif, qui est plus facilement camouflé par le calme apparent des individus plus âgés. Il est donc primordial, si pessimisme et tristesse jalonnent les journées du patient, de s'interroger sur la survenue d'une dépression.

Le trouble dysthymique

Dans cette configuration, l'humeur dépressive reste présente pendant au moins deux ans sans interruption, et *s'associe de symptômes dépressifs non qualifiants* pour un trouble dépressif majeur. On la nomme également *dépression chronique*.

La personne qui souffre de trouble dysthymique se présentera comme triste tout le temps, ce à quoi s'ajoutera une diminution de l'intérêt et du plaisir, entraînant une gêne permanente dans sa vie sociale ou professionnelle. Ruminations excessives du passé, instabilité de l'humeur, sentiment d'impuissance et de culpabilité sont ordinairement conjugués pour lui rendre l'existence malheureuse et difficile.

La dysthymie s'installe souvent dans l'enfance ou l'adolescence, *ne permettant plus au patient lui-même de différencier l'état pathologique de l'état normal.* Pour lui, il est ainsi, et l'a toujours été ; de plus, il a généralement tendance à voir son état psychique comme le juste reflet d'un monde malheureux, plutôt que comme un état pathologique. Il s'avère donc difficile pour l'entourage ou le corps soignant de faire valoir l'idée selon laquelle ce comportement s'inscrit comme le symptôme d'une maladie, et non comme un trait de personnalité. Pourtant, non traitée, sa sévérité peut s'aggraver.

Les troubles bipolaires

Dans le trouble bipolaire, c'est l'alternance d'*épisodes dépressifs et* « maniaques » qui prédominent. Elle était auparavant connue sous le nom de maladie maniaco-dépressive.

Souvent, un épisode d'euphorie extrême précède ou suit un épisode dépressif. *C'est un yoyo de l'humeur à ne pas prendre à la légère.* En effet, les périodes de surexcitation présentent un véritable danger, tant pour le patient que pour son entourage. Il peut s'accompagner d'idées délirantes dont les conséquences pourront persister bien après la guérison.

Les troubles bipolaires se subdivisent en trouble de type I, trouble de type II et *trouble cyclothymique*. Ce dernier se trouve le plus délicat à diagnostiquer. L'alternance d'épisodes hypomaniaques et dépressifs reste légère et n'est pas perçue par les patients comme pathologiques, même s'ils entraînent des difficultés d'adaptations professionnelles et sociales.

Origines de la dépression

La dépression puise ses racines dans des ressorts *biologiques, psychologiques et environnementaux*. Bien souvent, lorsque vous vous interrogez sur son apparition, vous opposez facteurs internes ou externes pour justifier de ses causes. Or changer de travail ou vous taper sur le crâne en vous pensant incapable est une interprétation bien éloignée de la réalité des fondements de votre état. Cela peut même représenter un frein à votre guérison, vous retenant de consulter et donc de contribuer activement à votre mieux-être futur.

La dépression est une maladie et, à ce titre, ses causes se révèlent multiples. Par ailleurs, les facteurs énumérés en introduction participent de la survenue de la dépression bien souvent très en amont de son apparition. Il existe des *facteurs de vulnérabilités* : des parents eux-mêmes dépressifs, ou des événements traumatisants vécus dans l'enfance. Et des *facteurs précipitants* : un décès ou un licenciement, par exemple, sont susceptibles de la déclencher.

Les facteurs biologiques

La dépression est réversible. En effet, si vous me lisez aujourd'hui et que vous subissez une phase très *down*, je sais que vous éprouverez de la difficulté à me croire. Pourtant, il est prouvé que la venue des symptômes dépressifs est due à une *perturbation du fonctionnement cérébral*. La psychanalyse tout autant que les médicaments antidépresseurs permettent de corriger les anomalies de la fabrication, la transmission et la régulation de nos neurotransmetteurs défaillants.

Bien qu'on ne sache actuellement encore si ces anomalies en représentent la cause initiale ou le corollaire, nous savons en tout cas que, quel que soit le soin envisagé, nos neuromédiateurs possèdent la plasticité autorisant la guérison. Il faut donc, de la même manière, s'autoriser l'espoir de cette guérison.

Les facteurs psychologiques

Les mécanismes psychologiques mis en place durant notre vie possèdent une influence non négligeable sur la venue de la dépression. Certains trouvent leur origine dans l'enfance, selon la relation de qualité que nous aurons vécue avec nos parents, ou nos premières expériences négatives comme le sentiment de perte, d'impuissance, de honte, etc. D'autres, plus actuels, modifieront pernicieusement notre perception de nous-même : deuil, traumatisme, image de soi.

Certains modes de défense psychologiques peuvent ainsi encourager l'émergence de la dépression, ou l'inviter à s'installer durablement dans votre vie. Lorsque les croyances négatives que nous portons en nous sont plus fortes que nos croyances positives, elles fomentent le terreau favorable à son établissement. C'est donc la psychanalyse qui permettra de changer vos critères de pensée et d'enfin lui dire adieu.

Les facteurs liés à l'environnement social ou familial

Certains événements malheureux de l'existence ne nous permettent pas de passer au travers des gouttes. Le décès d'un être cher, la perte d'un emploi, la rupture sentimentale, les conflits sociaux ou familiaux peuvent provoquer un *stress important et persistant*. Facteurs de vulnérabilité et facteurs précipitants sont donc intimement mêlés à la maladie dépressive. Elle se trouvera d'autant plus encline à s'inviter dans votre psyché si en parallèle, les *facteurs de protection* ou *de résilience* se révèlent peu présents. Posséder dans son entourage des personnes capables de réconforter et de vous valoriser est un rempart décisif face à la dépression, de même que votre propre engagement dans des loisirs qui vous passionnent.

La psychanalyse par téléphone, solution pour dire non à la dépression

Nous le savons à présent, la psychanalyse est l'un des piliers de la guérison de la dépression, quel que soit son stade, grâce aux différentes études parues sur le sujet. Elle peut être associée à une prise médicamenteuse si la dépression est profonde, particulièrement lorsque le patient risque le passage à l'acte dans le cadre de pensées suicidaires.

Comme dans toutes psychothérapies, le but avoué : vous épauler pour poser vos maux et vos souffrances sans aucun tabou ni aucune retenue. La confidentialité, l'absence de jugement, l'écoute active permettent, et surtout vous permettent, de dialoguer profondément avec vous-même pour comprendre les raisons de votre dépression. *Et vous aider à mettre en place de nouvelles réponses et des solutions efficaces pour lutter contre la dépression et ses récidives.*

L'approche psychanalytique, bien différente d'une conversation avec votre ami, votre conjoint, vous autorise à exprimer, sans crainte de jugement, ce que vous vivez et ressentez. Bien évidemment, cela demande une forte implication de votre part. Le thérapeute est présent au bout du fil pour entendre votre souffrance, vos difficultés et vos doutes. Si la situation le réclame, il interviendra néanmoins d'une façon plus active afin de vous aider à modifier votre mode de pensée actuel, à l'orienter dans un chemin qui correspondra à votre personnalité, à votre propre trajectoire personnelle.

Toute la difficulté de suivre une psychanalyse réside bien évidemment, pour la grande majorité d'entre nous, dans ce face-à-face avec soi-même. Découvrir nos zones d'ombre, dire ce qui ne peut être dit à tous implique pour vous un travail que je sais laborieux et angoissant. Cette peur et cette angoisse sont naturelles, car le changement que présupposent vos découvertes exige l'abandon d'automatismes que vous aviez adoptés pendant plusieurs années et qui vous apparaissent familiers. Dans cette période de doutes extrêmes, nous pourrons bien évidemment mettre en place un soutien plus rapproché.

L'avantage du téléphone et de sa souplesse d'utilisation permet justement d'adapter votre thérapie à ces différents moments de reconstruction. Je compte plus précisément sur la malléabilité de cet outil et la distance physique qu'il aménage, pour vous préserver de l'emprise du *jugement*, du regard extérieur, qui est l'une des principales sources de maux psychologiques. L'objectif fondamental de son utilisation est de faire de votre thérapeute votre allié dans la guérison, sans jamais vous imposer une présence qui vous serait gênante.

CONCLUSION

L'efficacité de la psychanalyse par téléphone

Nous pouvons le constater au terme des différents chapitres parcourus : la psychanalyse a fait ses preuves dans la guérison des souffrances psychiques et elle constitue encore aujourd'hui l'une des méthodes les plus efficaces pour vous soigner. Bien qu'elle prenne du temps, ou plutôt, *parce qu*'elle prend du temps, elle peut vous apporter une sérénité et un confort durables pour vivre heureux et en harmonie avec vous-même.

Son approche, fondée sur la prise en charge de la personne dans son intégrité, et non uniquement de ses symptômes ou de sa pathologie, permet précisément au patient de trouver ses propres réponses, et de les trouver en lui-même, par la libre expression de sa parole personnelle. Elle lui permet en effet de *reconstruire son schéma de défense, auparavant inopérant ou imparfait, de le stabiliser pour en faire un schéma plus fort et résilient, à l'abri de toute rechute.*

Notre échange au long cours vous autorise à reprendre votre vie en main, à redevenir l'acteur serein de vos objectifs, de vos réalisations, d'être vous-même sans en souffrir et de vous confronter au monde avec confiance. Au terme de votre thérapie, vous pouvez affirmer ce que vous êtes et ce que vous voulez sans en rougir, et affronter sans peur ce qui vous paralyse depuis si longtemps.

Or mettre en place cette thérapie sous la forme d'un échange téléphonique ne l'appauvrit aucunement ; au contraire, cela vous permet, dans certains cas de figure, d'accéder au soin sans contrainte, sans angoisse, sans peur du regard de l'autre, dont vous ne percevez que la voix. Pourtant cet autre, votre thérapeute, entend vos souffrances et vous accompagne tout aussi bien dans l'exercice difficile qui consiste à vous en libérer.

La thérapie par téléphone vous autorise en effet à vous abstraire du regard d'autrui, même, et surtout, du regard de votre psychothérapeute, sans pour autant nuire à la qualité du soin qu'il vous confère. Elle vous offre également la possibilité d'abolir la distance physique à parcourir pour rejoindre votre thérapeute si vous résidez trop loin de ce dernier, ou si les transports en commun, les autres, le monde extérieur vous effraient.

Que vous souffriez d'un syndrome d'anxiété généralisée, de phobies, d'attaques de panique ou de dépression, la psychanalyse par téléphone se trouve par conséquent tout indiquée. Le cas de Pablo, qui ne pouvait se soigner car il était victime d'agoraphobie, n'est pas si éloigné du syndrome dépressif qui se heurte souvent à la honte d'être malade. Dans tous les cas, certaines barrières, inhérentes à la pathologie, vous empêchent également de prendre le chemin de la guérison, et certaines de ces barrières peuvent justement être abolies par l'échange téléphonique.

On pourrait dire, plus généralement, que la thérapie par téléphone est une méthode libératrice pour les patients, non seulement pour les raisons que l'on vient d'évoquer, mais aussi parce que, dans un monde où tout va de plus en plus vite, une telle thérapie vous affranchit, en quelque sorte, du temps, du mouvement et de l'agitation. Une telle méthode vous permet en effet de gagner du temps – et les transports au premier chef sont très chronophages – ce qui libère du temps pour réaliser d'autres activités ; en d'autres termes, pour vous concentrer sur *vous*.

Il ne faut pas oublier que rien n'est plus bénéfique à votre bien-être, et à votre guérison, que le fait de prendre du temps pour vous-même, et de pratiquer sereinement des activités qui vous apaisent ou qui vous intéressent. Le sport, la lecture, le tricot, chacun a son secret pour se détendre, mais le secret le plus précieux est d'en *prendre le temps*. Alors, chaque fois qu'un échange téléphonique vous épargne un aller-retour, pourquoi ne pas occuper chaque minute ou heure sauvée à faire quelque chose que vous aimez ?

Non seulement cette méthode vous fait gagner du temps libre, mais en plus elle favorise le transfert, indispensable à toute démarche d'analyse. L'échange téléphonique renforce ce phénomène en permettant véritablement au thérapeute de cristalliser vos souvenirs, vos sentiments et vos désirs, d'en devenir le réceptacle sans perturber leur libre expression par sa présence. Aussi efficace qu'une thérapie traditionnelle, la thérapie téléphonique s'annonce donc très prometteuse et mérite d'être spontanément employée par les psychothérapeutes, tant pour soigner les troubles psychologiques, émotionnels que comportementaux.

Glossaire

Les noms de la psychanalyse

Wilfred Bion. La théorie de Wilfred Bion repose sur la genèse de la psyché et l'assimilation du monde extérieur qu'il compare à une digestion. On assimile des expériences, on n'en digère pas d'autres. Né aux Indes britanniques en 1897, il meurt à Oxford en 1979, il est le père de la psychothérapie de groupe.

Ses ouvrages majeurs :

- *Aux sources de l'expérience* (1962), PUF, « Bibliothèque de psychanalyse », 2004.
- *Éléments de la psychanalyse* (1963), PUF, « Bibliothèque de psychanalyse », 2011.
- *Réflexion faite* (1967), PUF, « Bibliothèque de psychanalyse », 2001.

Françoise Dolto. Le travail et les études de Françoise Dolto auront permis le passage de l'enfant « tube digestif qu'il faut dresser » à l'enfant sujet. Permettant ainsi d'apporter aussi au petit d'homme les soins physiques et psychologiques nécessaires à son épanouissement de futur adulte.

Née en 1908 à Paris, décédée en août 1988, à Paris toujours, elle n'a jamais cessé de travailler à l'épanouissement et à la guérison de ses patients. Elle est la mère de la pédiatrie que nous connaissons aujourd'hui.

Ses ouvrages majeurs :

- *Lorsque l'enfant paraît*, Seuil, 1977-1979, 3 tomes.
- *L'Image inconsciente du corps*, Seuil, 1984.
- *La Cause des enfants*, Seuil, 1985.

Sándor Ferenczi. Né le 16 juillet 1973 à Miskolc, mort en 1933 à Budapest, Sándor Ferenczi possède la réputation d'être l'enfant terrible de la psychanalyse. Il est le premier à mettre en avant le contre-transfert ou les réactions inconscientes du thérapeute face au transfert du patient. Ce contre-transfert pouvant ruiner le travail du patient et du soignant dans la réalisation de la guérison. Ce sont ses travaux qui donneront lieu à la « psychanalyse de contrôle ».

Ses ouvrages majeurs :

- *Confusion de langue entre les adultes et l'enfant*, Payot, 2004.
- *Le Traumatisme*, Payot, 2006.

– *Un petit homme-coq suivi de Les enfants qui ont la phobie des animaux de Sigmund Freud*, Payot, 2012.

Sigmund Freud. Neurologue autrichien, Freud est le père de la psychanalyse. Il est le théoricien du conscient, de l'inconscient, du rêve, du refoulement, du transfert, du complexe d'Œdipe. La plupart de nos avancées s'appuient, même lorsqu'elles s'en éloignent, sur le travail de Sigmund Freud. Né en 1856 à Freiberg, il décédera à Londres en 1939. Il est le père de la cure psychanalytique.

Ses ouvrages majeurs :

– *L'Interprétation du rêve* (1900), Seuil, 2005.
– « La dynamique du transfert » (1912), *in La Technique psychanalytique*, PUF, « Quadrige Grands textes », 2007.
– *Le Moi et le Ça* (1923), Payot, « Petite Bibliothèque Payot », 2010.

Carl Gustav Jung. Médecin psychiatre né en 1875 à Kesswil, il est décédé à Küsnacht, en Suisse alémanique, le 6 juin 1961. Il est le fondateur de la psychologie analytique et s'oppose à Freud dès 1912 sur le caractère exclusivement sexuel que Freud voit dans la libido. C'est de cette dissension entre deux penseurs de talents que naît la psychologie des profondeurs.

Ses ouvrages majeurs :

– *L'Homme et ses symboles*, Robert Laffont, 2002.
– *La Psychologie du transfert*, Albin Michel, 1980.

On peut aussi lire : Pierre Trigano, *Les Archétypes et l'Inconscient collectif : une relecture de Jung*, Réel Éditions, 2020.

Melanie Klein. Pionnière de la psychanalyse infantile, elle est née en 1882 à Vienne et décédera en 1960 à Londres. Pour elle, la vie psychique débute dès la naissance, et l'enfant de deux ans est déjà un patient à part entière. Si, dans la psychanalyse freudienne, le père est LE déterminant, pour Melanie Klein, c'est la mère que nous devons tuer symboliquement pour mieux la retrouver plus tard.

Ses ouvrages majeurs :

– *La Psychanalyse des enfants*, Payot, « Petite Bibliothèque Payot », 2017.
– *L'Amour et la haine. Le besoin de réparation*, Payot, « Petite Bibliothèque Payot », 2016.
– *Le Complexe d'Œdipe*, Payot, « Petite Bibliothèque Payot », 2006.

Jacques Marie Lacan. Né en avril 1901 à Paris, et décédé en 1981 dans la même ville, Jacques Lacan est un psychiatre et psychanalyste français. Aux idées de Freud, et à sa méthode, Jacques Lacan ajoutera sa vision théologique, cybernétique, ethnologie, linguistique et mathématique pour enrichir la psychanalyse. Il y introduira de nouveaux dogmes qui prolongeront la théorie de Freud.

Ses ouvrages majeurs :
- *De la psychose paranoïaque dans ses rapports avec la personnalité*, Seuil, 1975.
- *Le Séminaire*, Seuil (25 volumes).

Donald Winnicott. Né le 7 avril 1896 à Plymouth, mort en 1971 à Londres. Pédopsychiatre et psychanalyste, il implémente un nouveau regard sur le rôle de la « mère » ou plutôt de celui ou celle qui apporte les soins au nourrisson et lui permet à terme d'évoluer et de grandir positivement dans le monde.
Ses ouvrages majeurs :
- *La Haine dans le contre-transfert*, Payot, « Petite Bibliothèque Payot » 2014.
- *Les Objets transitionnels*, Payot, « Petite Bibliothèque Payot », 2010.
- *De la pédiatrie à la psychanalyse* (1969), Payot, « Petite Bibliothèque Payot », 1989.

Les termes

Aboulie : trouble mental s'accompagnant d'une difficulté ou incapacité de l'exercice de la volonté. Le passage à l'action s'avère difficile, souvent en décalage.

Actes manqués : oublier ses clés de voiture, rater son réveil le jour d'un examen sont deux exemples d'actes manqués. Ils sont le révélateur d'un conflit inconscient. La volonté de réaliser un acte est court-circuitée par le désir inconscient contraire d'effectuer une autre tâche. C'est lorsqu'une répétition se met en place, conduisant à des échecs répétés qu'il faut commencer à s'interroger sur leur apparition.

Adrénaline : hormone sécrétée par les glandes surrénales. Elle se libère dans le sang lors d'une émotion intense (peur, colère, stress) accélérant ainsi le rythme cardiaque et augmentant la pression artérielle. Son rôle est de mobiliser notre corps face à un danger réel, entraînant des réponses comme la fuite ou l'attaque.

Agoraphobie : plus souvent interprétée comme la « peur de la foule », l'agoraphobie ne s'y limite pas. En effet, les lieux clos bondés ou les lieux clos déserts peuvent provoquer les mêmes symptômes. L'agoraphobe, plus que la foule, craint de ne pouvoir être secouru ou de ne pouvoir s'échapper en cas de danger. Cette phobie s'appuie donc sur la crainte de ne pouvoir trouver aide et sécurité plutôt que sur le lieu lui-même.

Anhédonie : symptôme rencontré dans le cadre de la dépression ou de la schizophrénie, il révèle l'incapacité pour le patient de ressentir des émotions positives dans des situations qui s'y prêteraient. Parfois, les médicaments sont responsables de cet état. Il est à noter que nous pouvons rencontrer ce sentiment lors de la perte d'une personne qui nous est chère. C'est lorsque ce symptôme perdure qu'on cherchera la cause sous-jacente.

Appréhensif : tendance à craindre que l'on associe à de la timidité. Dans le cas où cette appréhension se diffuse pour tous les domaines de la vie, on peut le considérer comme l'un des symptômes du trouble d'anxiété généralisée.

Attaque de panique : d'après le *DSM-5*, l'attaque de panique ou crise de panique est une montée soudaine de peur ou un malaise intense incluant au moins quatre des symptômes suivants :
- accélération du rythme cardiaque ;
- transpiration ;
- tremblements ou secousses ;
- sensations d'essoufflement ou d'étouffement ;
- sensation d'étranglement ;
- douleur ou gêne thoraciques ;
- nausées ou gêne abdominale ;
- sensation de vertige, d'instabilité ; d'étourdissement, ou de faiblesse ;
- frissons ou bouffées de chaleur ;
- paresthésie (fourmillements, picotements, engourdissement) ;

– déréalisation ou dépersonnalisation ;
– peur de perdre le contrôle ou de « devenir fou » ;
– peur de mourir.

Baby-blues : le baby-blues est un épisode de déprime qui touche environ 60 % des femmes, trois jours après l'accouchement. On l'impute à la fatigue, à la chute des hormones de la grossesse et au bouleversement psychologique qu'implique la naissance. Il doit être surveillé sans s'alarmer afin d'éviter qu'il ne se transforme en dépression du post-partum.

Conscient : c'est la capacité de se décrire, de se définir et de choisir. Elle représente la perception objective de la réalité. Elle nous permet d'agir sur nous-même pour évoluer.

Cure analytique : processus thérapeutique et connaissance de soi, elle permet au patient de rendre objectives des pensées subjectives qui le font souffrir pour enfin se détacher de la douleur en mettant en place d'autres méthodes de protection de la psyché.

Dépersonnalisation : trouble de la perception de soi, elle peut se révéler pathologique (schizophrénie, dépression, épilepsie temporale…) ou non (état d'extrême fatigue, privation sensorielle…). Ce trouble se caractérise par un sentiment d'irréalité ou d'étrangeté touchant notre propre personne.

Dépression : maladie psychosomatique qui empêche l'alternance des sentiments naturels comme la tristesse ou la joie.

Déréliction : sentiment d'abandon, de solitude extrême.

Génitalité : capacité de reproduction. Ensemble des caractères et activités liées aux organes génitaux et au plaisir sexuel.

Hyperactif : tendance pathologique à ne pouvoir cesser de bouger, de parler, de toucher.

Hypersensibilité : trait de caractère qui fragilise, selon la culture où il vit, la personne. Le vécu de ses propres émotions est plus intense et cette sensibilité accrue l'incite souvent au repli sur soi.

Hypersomnies : lors d'une dépression, le patient se réfugie dans le sommeil pour ne pas « subir » sa douleur profonde. Il peut donc dormir de nombreuses heures. Ce n'est pas un choix conscient du patient. Certains seront insomniaques, d'autres hypersomniaques.

Idéation : c'est la formation et l'enchaînement des idées en psychologie. Elle peut être d'ordre rationnel, émotionnel ou combiner les deux formes.

Idées noires : elles représentent les pensées négatives qui jalonnent la pensée du dépressif. Elles peuvent aller jusqu'à l'idée de suicide. Souvent, et bien que le patient n'en soit pas conscient, ses pensées sont déformées par la maladie. Elles lui donnent le sentiment d'être inutile, que rien ne sera plus jamais positif, qu'il est coupable de tout ce qu'il lui arrive et que rien ne pourra s'arranger.

Impubère : adolescent.

Inconscient : processus et activité psychique que ne contrôle pas la conscience : rêves, pulsions, fantasmes, actes manqués.

Labilité : les émotions de la personne alternent rapidement entre joie, tranquillité, crise de colère ou de larmes.

Lapsus : appartenant aux actes manqués, il représente une décharge affective qui échappe à notre contrôle. Il est conséquent de deux oppositions en nous : l'une consciente, l'autre inconsciente.

Libido : la libido est à la fois une pulsion sexuelle naturelle, au même titre que la faim ou la soif, qui représente également l'énergie des pulsions sexuelles.

Névroses : troubles psychiques qui perturbent la personnalité du patient. Certaines entraîneront des troubles plus poussés qui nuiront à sa qualité de vie comme les phobies ou les TAG.

Parler-vrai (ou dire-vrai) : s'exprimer sincèrement. Pour autant, ce n'est pas tout dire dans l'instant, c'est mettre en avant le sentiment qui nous touche le plus. C'est être authentique, de soi à soi, pendant la cure analytique.

Phobies sociales : la phobie sociale fait partie des troubles anxieux. Elle se manifeste par un évitement des situations qui provoquent le stress et par une anxiété d'anticipation.

Post-partum : le post-partum débute après l'accouchement et se termine avec le retour des règles. Cette période nécessite un suivi particulier, car de nombreux bouleversements, physiques, physiologiques et hormonaux surviennent : la relation mère-enfant se construit, les hormones reprennent leur cycle normal… Ces nombreux changements peuvent donner naissance à une dépression du post-partum, il faut donc être attentif à la psyché de la parturiente.

Psychanalyse : investigation psychologique visant à déterminer la signification inconsciente des conduites. Formulé par Freud, il en est le précurseur.

Psyché : ensemble des phénomènes conscients et inconscients de notre esprit.

Psychosomatique : symptômes dont l'apparition ou l'évolution est concomitante de troubles psychologiques.

Résilience : capacité à surmonter des chocs psychosomatiques ou psychologiques. C'est une capacité adaptative, rendue possible à la fois par nos propres ressorts intérieurs et par ceux que l'entourage a su nous transmettre.

Schizophrénie : trouble mental sévère qui se caractérise par une distorsion de la pensée, des émotions, de la réalité. Il est classé dans les psychoses.

Symptôme : phénomène observable, comme la fièvre, en lien avec un état ou une maladie, qui permet de la déceler.

Syndrome : ensemble de signes, de symptômes, de modifications du comportement fonctionnel ou biochimique qui permet d'établir un diagnostic.

Téléthérapie : dispositif de thérapie à distance par téléphone, souple et mieux adapté à certaines contraintes. Technique novatrice largement utilisée aux États-Unis ou au Canada.

Thérapie : moyen de prévenir, traiter, soigner ou soulager une maladie.

Thérapie cognitivo-comportementale : c'est une psychothérapie brève qui s'appuie sur l'observation des liens entre pensées, émotions et comportements pour les réguler et soulager le patient, ou le guérir.

Transfert : moteur de toute analyse, le transfert permet au patient de faire endosser à son psychanalyste toutes les personnalités de ceux qui ont compté dans sa vie. Il rejoue avec le psychanalyste les relations qu'il a vécues antérieurement, lui permettant de les analyser et de les comprendre.

Troubles dysthymiques : forme chronique de dépression dont les symptômes sont moindres, mais qui dure longtemps.

Remerciements

À ceux du temps qui passe.

À mon père Edgar Oppenheimer, ma sœur Alexandra.

À mes tantes Sylvie Faure, Anne Oppenheimer.

À mon épouse Audrey et mes enfants : Julien, Ava, Samuel et Salomé.

À ceux du temps passé,

À mes grands-pères Edgar Faure et Hans Oppenheimer.

À mes grands-mères Lucie Faure et Ludovica Oppenheimer.

À ma mère Agnès Faure.

Un grand remerciement au docteur Éric Malbos, au docteur Samuel Lepastier et au professeur Bernard Granger à qui je dois tant.

Table

DU MÊME AUTEUR

Chez Odile Jacob

Psychothérapie et réalité virtuelle. Anxiété, TOC, phobies et addictions (avec le docteur Éric Malbos), 2020.

Chez d'autres éditeurs

Une vie heureuse et réussie. Mode d'emploi, Marie B, 2018.

Se libérer des troubles anxieux par la réalité virtuelle, Eyrolles, 2017.

Peurs, angoisses, phobies, par ici la sortie !, Marie B, 2017.

Sans totem ni tabou, Ramsay, 2017.

Edgar Faure. Secrets d'État, secrets de famille, Ramsay, 2014.

Site de l'auteur psy-92.net.